研究生导师
心理育人
实用指南

YANJIUSHENG DAOSHI
XINLI YUREN
SHIYONG ZHINAN

主编 姚裕萍 王 慧

ZHEJIANG UNIVERSITY PRESS
浙江大学出版社
·杭州·

图书在版编目（CIP）数据

研究生导师心理育人实用指南 / 姚裕萍，王慧主编
. —杭州：浙江大学出版社，2022.9
ISBN 978-7-308-22974-6

Ⅰ. ①研… Ⅱ. ①姚… ②王… Ⅲ. ①高等学校—师
德—指南 Ⅳ. ①G645.16-62

中国版本图书馆 CIP 数据核字（2022）第 158517 号

研究生导师心理育人实用指南

YANJIUSHENG DAOSHI XINLI YUREN SHIYONG ZHINAN

主　编　姚裕萍　王　慧

策划编辑	阮海潮（1020497465@qq.com）
责任编辑	阮海潮
责任校对	王元新
封面设计	朱家琪
出版发行	浙江大学出版社
	（杭州市天目山路 148 号　邮政编码 310007）
	（网址：http://www.zjupress.com）
排　　版	杭州好友排版工作室
印　　刷	浙江全能工艺美术印刷有限公司
开　　本	787mm×1092mm　1/16
印　　张	11
字　　数	168 千
版 印 次	2022 年 9 月第 1 版　2022 年 9 月第 1 次印刷
书　　号	ISBN 978-7-308-22974-6
定　　价	38.00 元

《研究生导师心理育人实用指南》

编委会名单

主　编　姚裕萍　王　慧

副主编　胡洪武

编　委（按姓氏笔画排序）

王凯丽　王家阳　方邵旭辉　朱书琪

刘　丹　邱晓雯　张　菁　张　敏

陈晓倩　金利川　孟婷婷　蒋冬冬

童　强　童媛添

序

　　我有幸阅读了这本写给研究生导师的心理育人工作指南的初稿，爱它阐释得透彻。从字里行间，我能够深切感受到来自作者及其团队对教育事业的热爱、对研究生人才培养的真心。我之所以为序，是希望更多的研究生导师通过阅读此书，能够提升心理育人工作能力和水平，有效应对研究生的心理健康问题，并真正从中受益。

　　众所周知，研究生教育承担着高端人才供给和科学技术创新的双重使命，是我国实施创新驱动发展战略和建设创新型国家的重要基石。近年来，随着我国经济社会转型升级、研究生教育规模不断扩大，当代青年研究生面临的学业、就业、婚恋、家庭、经济等方面的压力逐渐增大，由此引发的研究生心理问题逐渐凸显，心理育人工作成为影响高校研究生人才培养质量的一个重要因素。

在实际工作过程中，研究生导师是研究生培养的第一责任人，是研究生成长成才的引路人，关注和维护研究生心理健康是导师育人工作的重要内容之一。研究生导师与研究生交往最频繁、关系最密切，最贴近研究生群体，最被研究生信任和亲近，对研究生的学业、思想、心理、情感和生活等方面都有着重要的影响。因此，研究生导师在心理育人工作中有着天然的优势。

我们发现，广大研究生导师都表现出主动履行心理育人职责的责任感和积极性，他们给予学生人文关怀，努力为有需要的学生提供心理疏导和关爱帮扶，但苦于当前研究生的心理健康问题呈现出多样性、复杂性和隐蔽性等特点，加之心理辅导与心理干预工作具有一定的专业性，缺乏心理学相关知识和技能的研究生导师们常常面临着一系列阻力和困惑。

那么，心理教育对于非专业出身的研究生导师来说是不是很深奥、很难学懂呢？之所以很多人会这样想，是出于对整个人类精神文明的慨叹，而看似"高大上"的心理学，其实也常常隐藏在我们日常的生活、学习和教育中。本书以心理学知识作为理论基础，既有严谨的概念、理论与知识点，努力保证科学性和专业性，又通俗易懂，突出可操作性和实用性，以鲜活生动的案例、深入浅出的表述方式，针对研究生心理育人工作中常见的具体问题，提供实操技术和应用工具，恰好适应了新时代研究生导师的心理育人工作需求。你想得知识可读它，你想得一些启迪也可读它，绝不会劳而无获的。

中国学位与研究生教育学会副会长
中国科学技术大学原党委常委、副校长　　张淑林 教授

前 言

　　教育是培养人的事业，让广大学生更加健康阳光，是落实立德树人根本任务的题中应有之义。党的十八大以来，习近平总书记高度重视学生心理健康工作，对学生心理健康教育作出了系列重要批示指示，为做好新时代高校学生心理健康教育工作提供了根本遵循。

　　研究生教育是国民学历教育的顶端，肩负着高层次人才培养和创新创造的重要使命，是国家发展、社会进步的重要基石。随着我国经济社会急速转型发展，生活节奏与社会发展的巨大变化使研究生群体的心理压力日益凸显，研究生心理育人工作也面临许多新情况、新问题、新挑战。研究生导师作为研究生培养的第一责任人，承担着育人育德、铸魂铸心的职责与使命。进一步加强研究生导师队伍建设，引导研究生导师

"既做学业导师又做人生导师",已成为加强研究生思想政治教育工作、推进新时代研究生教育高质量发展的重要举措之一。

近年来,浙江工业大学积极探索,出台了《关于全面落实研究生导师立德树人实施细则》,强调加强研究生导师心理健康指导;开办"导师学校",开展心理育人、导学关系建设等专题培训,取得了显著成效,研究生导师指导能力、育人积极性得到明显提升。本书正是在前期实践经验的基础上,就如何进一步加强研究生导师立德树人作用开展的又一次有益探索。

本书以心理学知识作为理论基础,遵循科学性、系统性、实用性的原则,坚持理论和实践相结合,针对研究生导师心理育人工作中碰到的常见具体问题,提供相对系统的、标准化的实操技术和应用工具。本书拟通过心理健康基本知识的介绍和心理育人技巧的分享,帮助研究生导师充分了解研究生心理特点,适应新时代研究生导师心理育人工作需求,提升心理育人工作能力,拓宽育人空间和视野,进一步推进高校研究生教育高质量发展。

由于笔者水平有限,书中难免存在不当之处,敬请读者朋友批评指正!

编　者

2022 年 6 月

目 录

第一章

研究生导师在心理育人工作中的职责与作为

第一节　导师在心理育人工作中的作用发挥

一、导师要承担起心理育人的工作职责

研究生教育是我国国民教育体系的顶端,而研究生导师作为我国研究生培养的关键力量,肩负着培养国家高层次创新人才的使命和重任。2020年7月,习近平总书记就研究生教育工作作出重要指示强调,各级党委和政府要高度重视研究生教育,推动研究生教育适应党和国家事业发展需要,坚持"四为"方针,瞄准科技前沿和关键领域,深入推进学科专业调整,提升导师队伍水平,完善人才培养体系,加快培养国家急需的高层次人才,为坚持和发展中国特色社会主义、实现中华民族伟大复兴的中国梦作出贡献。这为当前大力发展我国的研究生教育指明了方向,为大力加强导师队伍建设提供了根本遵循。

《教育部关于全面落实研究生导师立德树人职责的意见》(教研〔2018〕1号)(以下简称《意见》)明确指出,研究生导师作为研究生培养的第一责任人,要坚持

教书与育人统一,潜心研究生培养,全过程育人、全方位育人,做研究生成长成才的指导者和引路人。《意见》规定了研究生导师的七条立德树人职责:提升研究生思想政治素质、培养研究生学术创新能力、培养研究生实践创新能力、增强研究生社会责任感、指导研究生恪守学术道德规范、优化研究生培养条件、注重对研究生人文关怀。其中强调,研究生导师要加强人文关怀和心理疏导,加强校规校纪教育,把解决思想问题同解决实际问题结合起来,了解学生成长环境和过程,在关心帮助研究生的过程中做好教育和引导工作。加强与研究生的交流与沟通,建立良好的师生互动机制,关注研究生的学业压力,营造良好的学习氛围,提供相应的支持和鼓励。关注研究生的就业压力,关心研究生的生活和身心健康,不断提升研究生敢于面对困难挫折的良好心理素质。

在实际工作中,研究生导学关系是影响研究生学业和生活的重要因素,也是影响导师育人成效的最大变量。融洽的导学关系中导师关心关爱学生各方面成长,帮助学生排忧解难,学生在导师的支撑下能够以更积极的心态面对学业和生活中的困难,取得学业进步和学术成果,导学双方相辅相成。导学关系不和谐是校园安全稳定中的不稳定因素。不和谐的导学关系一方面会增加学生的心理压力,影响学业和生活状态,甚至走极端;另一方面,会增加导师的工作压力,使导师无法坚持教书与育人相统一,降低学术和育人成效。

二、导师在心理育人工作中的优势和劣势

第一,导师对研究生的影响更为强大而直接。在学术层面,导师在专业学术领域的造诣是受到研究生敬重的最主要原因。导师承担着研究生各个阶段的教学任务,贯穿研究生整个学术生涯,因而导师对研究生具有最直接的影响力。与此同时,在生活层面,研究生学习借鉴导师的治学态度、为人处世、道德修养,导师对研究生产生潜移默化的影响,这是导师对研究生的非强制性影响力。两种影响力在研究生身上共同发挥作用,既有助于导师严格要求研究生的学术研究,

也有利于导师对研究生全方位、全过程的育人工作。

第二,导师与研究生的关系更为紧密。作为与研究生相处最频繁、关系最密切的师长,导师能在第一时间了解学生的问题,能更有效地开展育人工作。区别于本科生,研究生同院系组织之间的关系相对疏离,院系集体观念被取而代之为以导师为核心的集体观念。从思想到学术,从道德情操到治学态度,从为人处世到生活习惯,导师对其指导的研究生的了解是"全方位、全过程"的,且研究生往往将导师作为"第一帮助寻求者"。

第三,导师对研究生的指导更有针对性。研究生的"三观"趋向成熟,但学习背景、生活阅历和思想认识更为多元化,所以他们往往是社会、家庭、朋友多层面的问题集合体。因此,相比本科生,研究生育人工作更需注重"因材施教"。导师凭借对研究生强大而直接的影响力和紧密关系这两大优势,能够针对研究生个体差异采取不同的育人方式,从而取得最佳的育人成效。此外,导师的个人经历也能成为指导研究生的资源,他们对研究生所遇到的问题既有亲身的体验和应对之策,又有丰富的育人经验和教训,因此导师能设身处地地理解研究生的问题及需求,并能通过一对一的方式进行有针对性的指导。

第四,导师的心理育人知识和技能还有待提升。若要将导师纳入研究生心理育人工作队伍,则导师必须具备相应的谈心谈话能力和技巧,还要学会与专业心理教师、辅导员协作。对于专业教师而言,原先的职责只有带领学生做好学术科研,科研上的精确指导游刃有余,而情绪情感的交流沟通能力仍有待提升,科研团队内部的合作了然于心,而跨部门、跨工作内容的联合还不谙其道。这些不足之处还需要通过学习、培训、交流和实践来加强提升。

第二节　导师在心理育人工作中的角色定位

伴随着日益激烈的社会竞争和不断扩大的研究生规模,在校研究生面临着空前的学业压力、工作压力、人际关系压力,焦虑、抑郁等心理健康问题频发。而研究生心理育人工作是目前高校工作中相对薄弱的环节。如何根据研究生的心理发展特点做好心理育人工作,努力提高研究生心理育人实效性,促进研究生全面发展,显得尤为重要。

从专业教育到思想引领,从知识学习到人格养成,研究生导师在将研究生培养成德才兼备的高层次人才过程中起着关键性的作用。导师通过言传身教实现教书与育人的有机统一,其育人作用的充分发挥既是形成和谐师生关系的前提和基础,也是全面提升研究生培养质量的重要条件。在新形势下,开展研究生心理育人必须充分发挥导师心理育人作用,这需要在制度层面将研究生心理育人纳入导师的岗位职责,围绕研究生心理育人"第一责任人"这一身份,明确导师在心理育人中应当扮演的四类角色。

一是扮演好研究生学业生活的"领航员"。要改变导师在培养研究生过程中重学习科研能力提升、轻思想心理引导的现状。一方面,导师要更新教育理念,了解新形势下研究生育人要求,提升对心理育人工作的了解与认识,全面关心研究生的身心发展,提高研究生心理育人工作的意识和积极主动性;另一方面,目前的导学关系中导师占据主导地位,这也体现出导师对研究生的引领作用是全方位的,导师应该重新认同自己的教师角色,以"领航员"的姿态,以更平等的导学关系拉近与研究生的心理距离,密切师生关系,构建师生共同体,与研究生一起同心同向同行。

二是扮演好研究生因材施教的"分析师"。《中国国民心理健康发展报告(2019—2020)》指出,压力较大是研究生群体中普遍存在的现象,其中学业负担重、就业前景不理想等是主要压力源。从群体差异维度出发,不同性别研究生的抑郁和焦虑水平差异显著,女生在躯体化、人际关系敏感度、抑郁、焦虑、恐怖等因子上的得分明显高于男生;不同学历群体间存在差异,博士生的抑郁、焦虑表现倾向的比例和水平显著高于硕士生;不同年级群体间存在差异,毕业生的抑郁、焦虑表现倾向的比例和水平显著高于其他年级;不同学科群体间存在差异,文科研究生的心理健康状况低于理科研究生,表现出更强烈的身体不适症状,更易出现暴躁、缺乏耐心等情绪问题和行为问题。由此可见,研究生导师需要具备因材施教的"分析师"的能力,精准分析不同类型研究生的心理状况,从而以"一生一策"的细化方案"对症下药"。

三是扮演好研究生情绪情感的"沟通人"。导师参与研究生心理育人工作,首先,要主动关心学生的身心成长,注重心理潜能的挖掘和心理素质的培养;其次,能够预判研究生个体潜在的心理问题;最后,当心理危机发生时能够及时有效地应对。这三个阶段都要求研究生导师具备良好的沟通和表达能力,既能与研究生谈心谈话,又能有效地向学院学校表述问题,表达需求。这样才能深入了解研究生个体、群体,定期与研究生开展面对面交流,了解学生学习和生活情况,及时准确地研判、把握研究生思想动态和心理状态,制定好心理工作方案和预案,有效缓解学生当下面临的心理压力。

四是扮演好研究生乐观自助的"赋能者"。在研究生心理育人工作中,导师除有针对性地"因材施教",预判、解决学生心理问题外,积极的心理赋能是防患于未然的有效方法。对研究生进行心理赋能,帮助其发现自身处理心理困境的潜力,鼓励其主动参与到心理健康的自我维护中,能够更好地避免危机,不断对学生身心状况进行纠偏。从思想根源上"排雷",这在整个研究生心理育人工作中非常有必要。而且对于身心成熟的研究生,实施自助式心理育人策略是最为适合、积极和有效的心理干预手段。

第三节　导师在心理育人工作中的行为选择

结合导师应当在研究生心理育人工作中扮演的四类角色,我们总结出导师"全过程全方位协同式"的心理育人行为选择。

一、"领航员":以良好师生关系实现全过程心理育人

创建良好的师生关系是导师开展心理育人的首要环节。导师作为研究生全

学业生涯的引路人和指导者，只有切实建立和谐温馨的师生关系，导师的言传身教才能够起到显著的引领效果。

学业是研究生生活的主要内容，导师首先要发挥自身学术科研优势进行心理育人，依靠优秀的学术造诣、严谨而独特的治学风格、坚定的处事原则和模范的学术德行取信于学生，对研究生学术科研起到引领作用。与此同时，导师"领航员"角色并不代表导师在学术上的绝对领导，"为政以德，譬如北辰，居其所而众星共之"，同样，作为研究生指导者，要做好心理育人还需要注重与研究生情绪情感的平等交流。在与研究生交往过程中，导师应当遵循平等与民主原则，创建健康和谐的导学氛围，设身处地地去理解研究生的内心感受，加强交流和沟通，尊重对方的个性和权利，及时发现并解决他们的实际问题。当一种宽松融洽、平等愉悦、教学相长的师生关系形成时，师生之间更深层次的教育情境便得以建立，这能促进研究生的身心健康成长，有利于增强研究生克服学业和生活上的困难的信心和勇气，减少自卑、焦虑等心理问题的发生，培养研究生良好的个性心理品质，提高心理健康水平。

二、"分析师"：以洞察学生各面做好全方位心理育人

研究生导师在对待所有学生时，要秉持"有教无类"的思想，每个学生都需要关注和指导。但在对待每个研究生个体时，则需要"因材施教"，像对待科研一样细致分析、洞察每个学生和学生的每个侧面，有重点、有区别、适时、正确地关注和应对不同性别、不同学历层次、不同年级、不同学科学生之间心理需求和心理特征的差异。

对于新生，导师应以引导"适应"为主，即引导学生适应研究生阶段的生活习惯、人际交往、学习实践等。对于高年级学生，导师则应引导他们在面对困难时主动应对问题，培养积极心态、控制负性情绪、寻找解决措施，并有针对性地提供帮扶措施，比如针对学业压力，适当减轻学术负担，根据能力水平合理安排学术

任务;针对就业压力,引导学生树立正确的就业观、择业观,并根据学生就业需求提供职业生涯规划指导或实习就业岗位推荐。对于性格内向、社交能力较弱的学生,导师也可以通过线上的形式定期与学生保持联系,逐步建立信任关系,拉近彼此的心理距离。而对每个学生的不同侧面,研究生导师也应在科研之余与学生保持联系和交流,了解关心学生家庭背景、作息情况、兴趣爱好和人际交往,全面构建学生的立体人格,精准施策,确保全方位心理育人。

三、"沟通者"和"赋能者":以正能量交流完成协同式育人

从个体因素来看,情绪调节方式、心理健康素养、压力均与焦虑、抑郁相关。日常工作时长与研究生心理健康存在显著负相关,工作与生活无法平衡是研究生心理问题频发的重要诱因之一。所以,作为与研究生交往最频繁、最亲近的人群之一,导师需要与研究生有效地沟通交流,了解掌握学生内心的压力情况、心理状态。将导师纳入研究生心理育人工作队伍中,不仅仅是对导师角色的补充,更是专业教师队伍与学生工作队伍协同工作的重要突破。

在与学生的沟通过程中,导师要向学生传递正能量,开展自助式心理育人,为学生赋能,这就是在"以生为本"原则的指引下,通过创设心理环境,激发学生心理自助意识,培养学生心理自助能力,强化学生心理自助行为。具体而言,首先,导师自身要学会挖掘研究生身上的积极品质和潜力,树立对学生、对心理育人的信心;同时鼓励研究生关注自己的积极品质和潜力,丰富积极的心理体验,激发并调动其自身的潜能。其次,鼓励研究生积极面对困难与挫折,探究问题深处所折射的原因,引导学生全面地认识自我、悦纳自我和发展自我。最后,引导研究生充分表达和积极沟通,鼓励并帮助其主动学习心理知识,掌握心理调适方法,培养学生心理自助能力,防患于未然。

同时,导师需积极参与到与专业心理教师、辅导员及其他学生工作系统的联动机制中,促进研究生导师和辅导员协同育人平台的建设。导师和辅导员都是

研究生在校期间接触最频繁、关系最亲近的人,两者从不同角度接触学生,观察掌握学生不同的情况。建立有效的心理育人工作协同机制,能够定期将各自掌握的研究生思想波动、情绪变化情况互通有无,比如在新生入学接受新生心理普测后,辅导员应与导师及时交流,沟通新生普测结果。学校要对导师进行必要的有关心理危机预防和识别方面的培训,介绍基本的谈心谈话技巧、危机识别和干预技能,争取做到心理危机的"早预防、早发现、早处理"。对于存在或可能存在心理健康问题的研究生,导师要及时上报给学院,并与学院学生工作负责人、辅导员、专业心理教师、学生家长等保持必要的沟通,制定合理妥当的处理方案,做好学生心理危机的干预工作。

第二章

研究生的心理健康

第一节　心理学视角看研究生的个性

一、"世上没有两片完全相同的树叶"：气质、性格与人格

在茫茫叶海中，我找到了这片叶，它朝气蓬勃、青翠欲滴、初露锋芒的叶尖宝剑般向上矗立，凸现的脉络显示着青春的活力，虽然它是无数叶片中普通的一员，但它以独特的气质赢得了我的芳心。

——毕淑敏《你可知自己是谁》

"世上没有两片完全相同的树叶"，每个生命都是独一无二的。同理，每一个研究生也都有其独特的个性。承认并理解研究生之间的个性差异是导师育人工作获得成效的重要前提。导师如果能充分了解研究生的个性，善于接纳和倾听研究生的不同声音，采用个性化的教育方法和沟通方式与学生互动，不仅有助于构建和谐的导学关系，更能有效地促进研究生的专业学习与心理成长。

个性是指人在一定环境中形成的稳定的心理品质,包括情感、能力、意志、情绪和动机等。每个人都通过独特的心理活动认识着外界事物,反映着这些事物和自己的关系,体验着各种感情,支配着自己的活动。

在实际学习生活中我们会发现,研究生之间的个体差异是巨大的,即使生源地相同、学业生涯相同、年龄相同、专业和研究方向等均相同,但有的学生反应敏捷,接受新知识更快,学习和科研上更积极主动,有的学生需要花更多的时间消化新知识,相比主动求助更愿意独自钻研,还有的学生自我效能感低,遇到困难常常负面归因,容易焦虑和紧张。这些独特的心理特点构成了每个学生不同于他人的心理面貌,这就是个性。

作为心理学中的科学概念,心理学家常常把人格作为个性的同义词。而人格又和气质、性格密不可分,气质、性格、人格这三者的关系可以用一个同心圆来表示(图 2-1)。

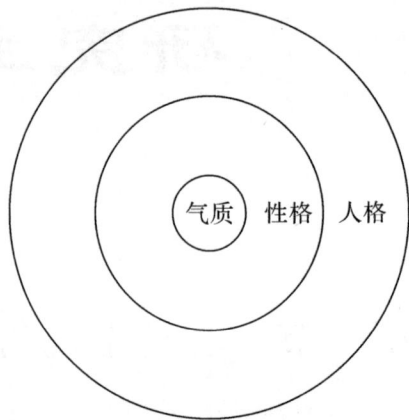

图 2-1 气质、性格、人格的同心圆

(一)气质

心理学中的气质(temperament)不同于我们平时生活中所说的气质,指的是与生俱来的心理活动,表现在强度、速度、稳定性和灵活性等各方面动力性的心理特征,也就是我们平时所说的脾气或秉性。所谓"江山易改,禀性难移",气质在同心圆的最内层,一个人的气质受遗传因素决定,从一出生就表现出来,不易改变。气质是人格中最稳定的部分,是一个人人格的底色。

试想一下,如果一个团队的研究生被要求下周进行学术汇报,是不是有的学生会马上行动起来,有很多新的想法,积极向导师和同门沟通,很快就做好了汇报准备,给人思维敏捷、反应迅速而高效的感觉;而有的学生只是按照自己的节奏缓慢有序地开展,努力考虑到每个细节,尽力追求做得更好,给人踏实稳重的感觉？这就是心理活动的动力特征表现在人的感知、记忆、思维等认知活动的不同结果，就是我们所说的气质。

四种典型的气质类型

气质分为多血质、胆汁质、抑郁质、黏液质四种典型类型（表2-1）。不同气质类型的人在学习、生活和工作中会表现出不同的心理活动和行为方式。

表 2-1　四种典型的气质类型

类　型	特　征	代表人物	相处之道
多血质	活泼好动，思维敏捷，热爱交际，语言表达强，兴趣爱好广泛，适应性强； 但稳定性差，缺乏忍耐力和意志力，注意力容易转移，更愿意凭兴趣做事	猪八戒	鼓励学生提高专注力和意志力
胆汁质	直率热情，精力旺盛，性格开朗，积极主动，行动力强； 但情绪不稳定，好冲动，易感情用事，缺乏耐心，做事不够细致，自制力差，比较任性，常见急躁和倔强	张　飞	增强学生的自制力和情绪的稳定性
抑郁质	内心细腻，观察细致，感情深刻而持久，想象力丰富，做事稳妥； 但不善交往，多愁善感，遇事敏感，情感内敛，反应较慢，容易优柔寡断，有孤独胆怯的表现	林黛玉	注意保护学生的自尊心，培养自信心
黏液质	安静冷静，坚韧踏实，情绪稳定，善于克制，专注力和自制力强； 但灵活性不足，行动迟缓，为人拘谨，缺乏活力，比较固执，可塑性较差	沙　僧	多一些耐心，鼓励学生提高主动性和灵活性

关于气质，导师还应知道

1. 气质与生俱来，难以改变。气质是人格中最稳定的部分，受文化和教养的影响较小，很大程度上由遗传决定，有非常明确的、强大的生物学依据。想让一个黏液质的学生变得具有极高的行动力和外向性，或者让一个胆汁质的学生深入细致地持久做一件事，可能都是非常困难的，导师要理解和接纳学生个性中稳定的、独特的部分。

2. 气质无好坏之分，各有优劣。不同的气质类型没有好坏之分，多血质像春天一样充满朝气，但灵活多变；胆汁质像夏天一样热情直率，但莽撞冲动；抑郁质像秋天一样清冷细腻，却忧郁敏感；黏液质像冬天一样稳重坚韧，却固执倔强。导师应该怀着欣赏四季风景的心态去看待每个学生，肯定每个学生独特的个性优势，同时引导和鼓励学生调节和改善消极方面。

3. 典型的气质类型并不多见，大多数人是几种类型的混合。人的气质类型可以通过一些方法加以测定。实际生活中属于某一种典型气质类型的人较少，多数人是介于各类型之间的中间类型，即混合型，如胆汁—多血质、多血—黏液质等。这样的组合虽然会有主要气质类型和次要气质类型之分，但都会兼有多种气质类型的特征。这就提醒我们，研究生群体的气质并不能简单分为四类，学生的个性是复杂和多元的，每个学生又都具有独特性。

4. 不同气质的学生需要不同的相处之道。学生的气质各不相同，这就要求导师需要考虑学生的气质特点，在教育工作中采取因材施教、个别对待的方法，结合学生的气质特点选择合适的相处方式。例如，批评教育对于以胆汁质或多血质为主的学生会促使他们遵守规则，改正错误，但对以抑郁质为主的学生则可能带来较大的心理负担，产生不良后果。又如，在制度调整和重要科研任务面前，以多血质为主的学生很容易快速适应，而对于以黏液质、抑郁质为主的学生，则需给予更多的关怀和照顾，才能使他们逐步适应新的环境。

测一测：气质类型测试

气质类型量表（表 2-2）由山西教育科学院陈会昌教授等人编制。该量表共有60题，测验的方式为自陈形式。它包含的气质类型分别有黏液质、多血质、胆汁质与抑郁质四种，每一种气质类型各占15题，60题打乱顺序而成。

很符合：2分；比较符合：1分；介于符合与不符合之间：0分；比较不符合：-1分；完全不符合：-2分。

注意：① 回答时请不要猜测题目内容要求，也就是说不要考虑应该怎样，而只回答你平时怎样，因为题目答案本身无所谓正确与错误之分。② 回答要迅速，不要在某道题目上花过多时间。

表 2-2　气质类型量表

题　　目	完全不符合	比较不符合	介于符合与不符合之间	比较符合	很符合
1.做事力求稳妥，一般不做无把握的事。	-2	-1	0	1	2
2.遇到可气的事就怒不可遏，想把心里话全说出来才痛快。	-2	-1	0	1	2
3.宁可一个人干事，不愿很多人在一起。	-2	-1	0	1	2
4.到一个新环境很快就能适应。	-2	-1	0	1	2
5.厌恶那些强烈的刺激，如尖叫、噪声、危险镜头。	-2	-1	0	1	2
6.和人争吵时总是先发制人，喜欢挑衅。	-2	-1	0	1	2
7.喜欢安静的环境。	-2	-1	0	1	2
8.善于和人交往。	-2	-1	0	1	2
9.羡慕那种善于克制自己感情的人。	-2	-1	0	1	2
10.生活有规律，很少违反作息制度。	-2	-1	0	1	2
11.在多数情况下情绪是乐观的。	-2	-1	0	1	2
12.碰到陌生人觉得很拘束。	-2	-1	0	1	2
13.遇到令人气愤的事，能很好地克制自我。	-2	-1	0	1	2
14.做事总是有旺盛的精力。	-2	-1	0	1	2

续表

题　　目	完全不符合	比较不符合	介于符合与不符合之间	比较符合	很符合
15. 遇到问题总是举棋不定,优柔寡断。	−2	−1	0	1	2
16. 在人群中从不觉得过分拘束。	−2	−1	0	1	2
17. 情绪高昂时,觉得干什么都有趣;情绪低落时,又觉得干什么都没意思。	−2	−1	0	1	2
18. 当注意力集中于一事物时,别的事很难使我分心。	−2	−1	0	1	2
19. 理解问题总比别人快。	−2	−1	0	1	2
20. 碰到危险情境,常有一种极度恐怖感。	−2	−1	0	1	2
21. 对学习、工作、事业怀有很高的热情。	−2	−1	0	1	2
22. 能够长时间做枯燥、单调的工作。	−2	−1	0	1	2
23. 符合兴趣的事情,干起来劲头十足,否则就不想干。	−2	−1	0	1	2
24. 一点小事就能引起情绪波动。	−2	−1	0	1	2
25. 讨厌做那种需要耐心、细致的工作。	−2	−1	0	1	2
26. 与人交往不卑不亢。	−2	−1	0	1	2
27. 喜欢参加热烈的活动。	−2	−1	0	1	2
28. 爱看感情细腻、描写人物内心活动的文学作品。	−2	−1	0	1	2
29. 工作学习时间长了,常感到厌倦。	−2	−1	0	1	2
30. 不喜欢长时间谈论一个问题,愿意实际动手干。	−2	−1	0	1	2
31. 宁愿侃侃而谈,不愿窃窃私语。	−2	−1	0	1	2
32. 别人总是说我闷闷不乐。	−2	−1	0	1	2
33. 理解问题常比别人慢些。	−2	−1	0	1	2
34. 疲倦时只要短暂的休息就能精神抖擞,重新投入工作。	−2	−1	0	1	2
35. 心里有话宁愿自己想,不愿说出来。	−2	−1	0	1	2
36. 认准一个目标就希望尽快实现,不达目的,誓不罢休。	−2	−1	0	1	2
37. 学习、工作一段时间后,常比别人更疲倦。	−2	−1	0	1	2
38. 做事有些莽撞,常常不考虑后果。	−2	−1	0	1	2

续表

题　　目	完全不符合	比较不符合	介于符合与不符合之间	比较符合	很符合
39. 老师讲授新知识时,总希望他讲得慢些,多重复几遍。	-2	-1	0	1	2
40. 能够很快地忘记那些不愉快的事情。	-2	-1	0	1	2
41. 做作业或完成一件工作总比别人花的时间多。	-2	-1	0	1	2
42. 喜欢运动量大的剧烈体育运动或参加各种文艺活动。	-2	-1	0	1	2
43. 不能很快地把注意力从一件事转移到另一件事上去。	-2	-1	0	1	2
44. 接受一个任务后,就希望能把它迅速解决。	-2	-1	0	1	2
45. 认为墨守成规比冒风险强些。	-2	-1	0	1	2
46. 能够同时注意几件事物。	-2	-1	0	1	2
47. 当我烦闷的时候,别人很难使我高兴起来。	-2	-1	0	1	2
48. 爱看情节起伏跌宕、激动人心的小说。	-2	-1	0	1	2
49. 对工作抱认真严谨、始终一贯的态度。	-2	-1	0	1	2
50. 和周围人的关系总相处不好。	-2	-1	0	1	2
51. 喜欢复习学过的知识,重复做能熟练做的工作。	-2	-1	0	1	2
52. 希望做变化大、花样多的工作。	-2	-1	0	1	2
53. 小时候会背的诗歌,我似乎比别人记得清楚。	-2	-1	0	1	2
54. 别人说我"出语伤人",可我并不觉得这样。	-2	-1	0	1	2
55. 在体育活动中,常因反应慢而落后。	-2	-1	0	1	2
56. 反应敏捷、头脑机智。	-2	-1	0	1	2
57. 喜欢有条理而不甚麻烦的工作。	-2	-1	0	1	2
58. 兴奋的事情常使我失眠。	-2	-1	0	1	2
59. 老师讲新概念,常常听不懂,但是弄懂了以后很难忘记。	-2	-1	0	1	2
60. 假如工作枯燥无味,马上就会情绪低落。	-2	-1	0	1	2

评分标准：

胆汁质：计算第 2、6、9、14、17、21、27、31、36、38、42、48、50、54、58 题得分之和。

多血质：计算第 4、8、11、16、19、23、25、29、34、40、44、46、52、56、60 题得分之和。

黏液质：计算第 1、7、10、13、18、22、26、30、33、39、43、45、49、55、57 题得分之和。

抑郁质：计算第 3、5、12、15、20、24、28、32、35、37、41、47、51、53、59 题得分之和。

确定气质类型的标准

● 如果某类气质得分明显高出其他三种，均高出 4 分以上，则可定为该类气质。如果该类气质得分超过 20 分，则为典型；如果该类得分在 10～20 分，则为一般型。

● 两种气质类型得分接近，其差异低于 3 分，而且又明显高于其他两种，高出 4 分以上，则可定为这两种气质的混合型。

● 三种气质得分均高于第四种，而且得分接近，则为三种气质的混合型，如多血—胆汁—黏液质混合型或黏液—多血—抑郁质混合型。

（二）性格

如果说气质是个性的内核，并且一出生就决定的，那么性格则是个体在成长过程中逐渐形成的，是一个人对现实的稳定的态度，以及与这种态度相对应的、习惯化了的行为方式中表现出的特征。

"性格"的英文单词"character"来源于希腊语"kharakter"，含有"雕刻"的意思。好比一块蜡版，用刀刻下一些东西后，就形成了"character"。气质的先天性不同，性格的社会性和生物性是各占一半，一部分来源于先天，而另一部分受环境因素的影响。

比如,有的学生有善良利他的性格特征,因为在他从小生活的环境中,就被教育与人为善的道理,父母也常常表现出对他人的友善,在别人遇到困难的时候会伸出援手。因此这个学生也就逐渐拥有了善良的品质,当同伴遇到困难的时候,他也会毫不犹豫地去帮助别人,这种性格特征是在社会实践中逐渐形成的,并且一经形成就会比较稳定。

关于性格,导师还应知道

1.性格是可塑的,环境是重要的影响因素。气质是表现在人的情绪和行为活动中的动力特征,没有好坏之分;而性格是行为的内容,表现为个体与社会环境的关系,在社会评价上是有一定好坏之分的。而且与气质相比,性格主要受社会生活条件的制约,具有较大的可塑性。性格在一个人的生活中形成后,生活环境的重大变化会带来他性格特征的显著变化。因此,作为导师,要看到环境对学生性格形成的影响,导师也可以是影响学生性格的重要他人。

2.性格与气质的关系既密切又复杂。性格与气质的联系是既相当密切又相当复杂的。相同气质类型的人可能性格特征不同,性格特征相似的人可能气质类型不同。比如,同样是勤奋上进的学生,在学习工作中有的精力充沛,充满干劲,像勤劳的"蜜蜂",有的则认真仔细,慢条斯理,就像踏实肯干的"老黄牛"。这是因为,同样性格品质的两类学生,可以有着完全不同的气质类型。气质可按自己的动力方式渲染性格,使性格具有独特的色彩。

(三)人格

人格(personality)的词根是 persona,也就是"面具"的意思。和气质、性格相比,人格是社会性最强的部分,它是个体在先天生物遗传素质的基础上,通过社会化过程形成的包括能力、气质、性格、需要、动机、兴趣、理想、价值观等方面的整合,它决定着我们会怎么看待这个世界所发生的事情,我们会采取怎么样的行为对待周围的事物。

人格面具

这种相对稳定和独特的心理行为模式主要是通过与后天社会环境的相互作用而形成的,因此具有一种趋利避害的"表演能力"。精神分析心理学家荣格提出了"人格面具",他认为对于人的生存来说人格面具是必需的,它保证了我们能够与人,甚至与那些我们并不喜欢的人和睦相处,它能够实现个人目的,达到个人成就,它是社会生活和公共生活的基础。但是,如果一个人过分地热衷和沉湎于自己扮演的角色,就会逐渐与自己的天性相疏远(异化),进而生活在一种紧张的状态中,甚至出现心理障碍。

人格特质

心理学的人格特质理论认为,每个人成为这个世界上独一无二的存在,是因为人与人之间有着不同排列组合的人格特质。

对于人格特质的分类,不同的心理学家有着不一样的观点,其中大五人格(big five personality)又称人格五因素模型,是目前国际公认的较全面的人格特质分类方式。大五人格理论认为人的人格特质可以分为五个因素(图 2-2)。

高分者人格特质	因素	低分者人格特质
好社交、活跃	外倾性	寡言、好独处
脾气好、助人	宜人性	苛刻、挑剔人
有条理、可靠	尽责性	懒散、不可靠
紧张、情绪化	神经质	稳定、平静
好奇、有创造力	开放性	讲实际、兴趣少

图 2-2 大五人格理论的人格特质图

人格的五因素模型在临床心理、健康心理、发展心理、职业、管理和工业心理等方面都显示了广泛的应用价值。如研究发现（彭聃龄，2018）：

- 外倾性、神经质、宜人性等均与心理健康有关；

- 外倾性和开放性是职业心理与工业心理的两个重要相关因素；

- 尽责性与人事选拔有密切关系；

- 高开放性和高尽责性的青少年具有优秀的学习成绩，而低尽责性和低宜人性的青少年有较多的违法行为；

- 高倾向性、低宜人性、低尽责性的青少年常发生与外界冲突的行为问题；

- 高神经质、低尽责性的青少年则经常表现出由内心冲突引起的问题。

如今，大五人格已经成为"人格心理学中通用的货币"，它是 20 世纪 90 年代以来最活跃的人格研究课题，也是目前对人的基本特质最理想的描述之一。

关于人格，导师还应知道

1. 从心理学视角看研究生的个性，每一个学生的个性都带有与生俱来的气质底色，也受原生家庭、外界环境的影响，表现出独特的性格，同时在学习、工作、生活的社会化活动中不断被塑造。作为研究生学业生涯特殊阶段的重要他人，在研究生的人格形成和完善过程中，导师起着重要的作用。

2. 人格特质决定着学生在日常生活中的人际关系模式，也影响着学生在工作和学习中的表现。假设一个学生遇到了不顺心的事，他是更倾向于找一群朋友倾诉，还是选择一个人独处来消化情绪呢？外倾性维度上的差异会与不同的选择相关。又比如，较高宜人性的学生更为享受合作的工作模式，因此也能胜任需要团队沟通与协作的工作任务；反之，较低宜人性的学生会更认同竞争大于合作，这部分学生会擅长一些能激发他们斗志和潜能的竞技类的工作任务。

3. 每个人在五个维度上都会有一定的表现，不同的人格特质组合会让人在对待同样的事物时有着不一样的回应。在做相关测试后，可以看到如图 2-3 所示的结果。需要注意的是，这些人格特质之间并不存在优劣之分，导师需要做的是尽可能全面、深入地了解学生的人格特质以及他们所拥有的优势,尽可能地发挥学生的人格优势,扬长避短。

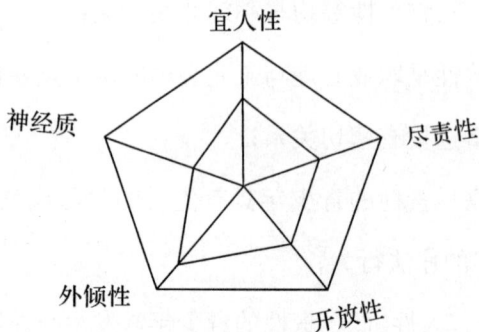

图 2-3　大五人格理论的五个维度

如果各个维度的总分是 10 分,那么我们通常将 7～10 分看作某一维度的高分表现,5～6 分是中性表现,0～4 分是低分表现。

测一测:大五人格测试

大五人格测试量表,即 NEO 人格量表,是建立在大五人格理论基础之上的,由美国心理学家科斯塔(Costa)和麦克雷(McCrae)在 1987 年编制而成,后来经过两次修订。该测验量表的中文版由中国科学院的心理学家张建新教授修订,属于人格理论中特质流派的人格测试工具。大五人格测试量表见表 2-3,计分方法如下:

1—非常不符合;2—不太符合;3—不确定;4—比较符合;5—非常符合。

注意:① 回答时请不要猜测题目内容要求,也就是说不要考虑应该怎样,而只回答你平时怎样,因为题目答案本身无所谓正确与错误之分。② 回答要迅速,不要在某道题目上花过多时间。

表 2-3　大五人格测试量表

题　目	非常不符合	不太符合	不确定	比较符合	非常符合
1. 我不是一个容易忧虑的人。	1	2	3	4	5
2. 我喜欢周围有很多朋友。	1	2	3	4	5
3. 我很喜欢沉浸于幻想和白日梦中,去探索、发展其中所有可能实现的东西。	1	2	3	4	5
4. 我尽量对每一个遇到的人彬彬有礼,非常客气。	1	2	3	4	5
5. 我让自己的物品经常保持整洁干净。	1	2	3	4	5
6. 有时候我感到愤怒,充满怨恨。	1	2	3	4	5
7. 我很容易笑。	1	2	3	4	5
8. 我喜欢培养和发展新的爱好。	1	2	3	4	5
9. 有时候,我会采用威胁或奉承等不同手段,去说服别人按我的意愿做事。	1	2	3	4	5
10. 我比较擅长为自己安排好做事进度,以便按时完成任务。	1	2	3	4	5
11. 当面对极大的压力时,有时我会感到好像就要垮了似的。	1	2	3	4	5
12. 我喜欢那些可以单独做事,不被别人打扰的工作。	1	2	3	4	5
13. 我对大自然和艺术中蕴含的美十分着迷。	1	2	3	4	5
14. 有些人觉得我有些自我中心,不太考虑别人的感受。	1	2	3	4	5
15. 许多时候,事到临头了,我才发现自己还没做好准备。	1	2	3	4	5
16. 我很少感觉孤独和忧郁。	1	2	3	4	5
17. 我很喜欢与别人聊天。	1	2	3	4	5
18. 我认为让学生接触有争议的学说或言论只会混淆和误导他们的思想。	1	2	3	4	5
19. 如果有人挑起争端,我随时准备反击。	1	2	3	4	5

续表

题　目	非常不符合	不太符合	不确定	比较符合	非常符合
20. 我会尽量认真地完成一切分派给我的任务。	1	2	3	4	5
21. 我经常感到紧张而心神不定。	1	2	3	4	5
22. 我喜欢置身于激烈的活动之中。	1	2	3	4	5
23. 我对诗词基本上没有什么感觉。	1	2	3	4	5
24. 我觉得自己比大多数的人优秀。	1	2	3	4	5
25. 我有一些明确的目标,并能以有条不紊的方式朝它迈进。	1	2	3	4	5
26. 有时我感到自己完全一文不值。	1	2	3	4	5
27. 我通常回避人多的场合。	1	2	3	4	5
28. 对我来说,让头脑无拘无束地想象是一件困难的事情。	1	2	3	4	5
29. 受到别人粗暴无礼的对待后,我会尽量原谅他们,让自己忘记这件事。	1	2	3	4	5
30. 开始着手学习或工作之前,我会浪费很多时间。	1	2	3	4	5
31. 我很少感到恐惧或焦虑。	1	2	3	4	5
32. 我常常感到自己精力旺盛,好像充满能量。	1	2	3	4	5
33. 我很少留意自己在不同环境下的情绪或感觉变化。	1	2	3	4	5
34. 我相信人性是善良的。	1	2	3	4	5
35. 我努力做事以达到自己的目标。	1	2	3	4	5
36. 别人对待我的方式常使我感到愤怒。	1	2	3	4	5
37. 我是一个乐天开朗的人。	1	2	3	4	5
38. 我经常体验到许多不同的感受或情绪。	1	2	3	4	5
39. 很多人觉得我对人有些冷淡,经常和别人保持一定距离。	1	2	3	4	5
40. 一旦做出承诺,我通常会贯彻到底。	1	2	3	4	5
41. 很多时候,当事情不顺利时,我会感到泄气,想要放弃。	1	2	3	4	5
42. 我不太喜欢和人聊天,很少从中获得太多乐趣。	1	2	3	4	5

续表

题　　目	非常不符合	不太符合	不确定	比较符合	非常符合
43. 阅读一首诗或欣赏一件艺术品时,我有时会感到非常兴奋或喜悦。	1	2	3	4	5
44. 我是一个固执倔强的人。	1	2	3	4	5
45. 有时候,我并不是那么可靠和值得信赖。	1	2	3	4	5
46. 我很少感觉忧伤或沮丧。	1	2	3	4	5
47. 我的生活节奏很快。	1	2	3	4	5
48. 我对思考宇宙规律或人类生存状况没有什么兴趣。	1	2	3	4	5
49. 我尽量对他人做到体贴周到。	1	2	3	4	5
50. 我做事情总是善始善终,是一个很有做事能力的人。	1	2	3	4	5
51. 我经常感觉无助,希望有人能帮助我解决问题。	1	2	3	4	5
52. 我是一个十分积极活跃的人。	1	2	3	4	5
53. 我对许多事物都很好奇,充满求知欲。	1	2	3	4	5
54. 如果我不喜欢某一个人,我会让他知道。	1	2	3	4	5
55. 我好像总不能把事情安排得井井有条。	1	2	3	4	5
56. 有时我会感到十分羞愧,以至于只想躲起来,不见任何人。	1	2	3	4	5
57. 我宁愿自己独自做事,而不是领导指挥别人。	1	2	3	4	5
58. 我喜欢研究理论和抽象的问题。	1	2	3	4	5
59. 如果有必要的话,我会利用别人来达到自己的目的。	1	2	3	4	5
60. 对于每件事,我都力求做到最好。	1	2	3	4	5

计分标准:

神经质:题项有 1、6、11、16、21、26、31、36、41、46、51、56,其中 1、6、21、31 题为反向计分;

外倾性:题项有 2、7、12、18、22、27、32、37、42、47、52、57,其中 18、22、47 题为反向计分;

开放性:题项有 3、8、13、17、23、28、33、38、43、48、53、58,其中 3、13、28、43、53、58 题为反向计分;

宜人性:题项有 4、9、14、19、24、29、34、39、44、49、54、59,其中 4、9、14、19、24、44、49、54 题为反向计分;

尽责性:题项有 5、10、15、20、25、30、35、40、45、50、55、60,其中 20、30、60 题为反向记计分。

解释及评判标准如下:

神经质:指个体体验消极情绪的倾向。神经质维度得分高的人更容易体验到诸如愤怒、焦虑、抑郁等消极的情绪。他们对外界刺激反应比一般人强烈,对情绪的调节能力比较差,经常处于一种不良的情绪状态下,并且思维、决策以及有效应对外部压力的能力比较差。相反,神经质维度得分低的人较少烦恼,较少情绪化,比较平静,但这并不表示他们经常会有积极的情绪体验,积极情绪体验的频繁程度是外向性的主要内容。得分越低,表示情绪越稳定;得分越高,表示情绪越不稳定。20 分以下为典型低分,39 分以上为典型高分。

外倾性:指个体对外部世界的积极投入程度。外向者乐于和人相处,充满活力,常常怀有积极的情绪体验。内向者往往安静、抑制、谨慎,对外部世界不太感兴趣。内向者喜欢独处,内向者的独立和谨慎有时会被错认为不友好或傲慢。得分越高,性格越外向。26 分以下为典型低分,42 分以上为典型高分。

开放性:指个体想象力以及好奇心程度。开放性得分高的人富有想象力和创造力,好奇,欣赏艺术,对美的事物比较敏感。开放性的人偏爱抽象思维,兴趣广泛。封闭性的人讲求实际,偏爱常规,比较传统和保守。开放性的人适合教师等职业,封闭性的人适合警察、销售、服务性职业等。得分越高,性格越开朗,态度开放,容易接受新事物。32分以下为典型低分,47分以上为典型高分。

　　宜人性:反映个体在合作与社会和谐性方面的差异。宜人性高的个体重视和他人的和谐相处,因此他们体贴友好,大方,乐于助人,愿意谦让。宜人性低的个体更加关注自己的利益,他们一般不关心他人,有时怀疑他人的动机。宜人性低的个体非常理性,很适合科学研究、工程、军事等类要求客观决策的情境。得分越高,性格越随和。30分以下为典型低分,48分以上为典型高分。

　　尽责性:指个体在目标导向行为上的组织、坚持和动机。这个子维度把可靠的、讲究的、有能力的个体与懒散的、行为不规范的个体做比较,同时,反映个体自我控制的程度以及延迟需求满足的能力。正面表现为行为规范,可靠,有能力,有责任心,他们似乎总是能把事情做好,处处让人感到满意。负面表现为行为不规范,粗心,做事效率低,不可靠。得分越高,责任心越强。36分以下为典型低分,44分以上为典型高分。

二、"我"何以成为现在的"我":个性的形成

(一)弗洛伊德的人格结构理论

弗洛伊德提出完整的人格结构由三部分组成:本我(id)、自我(ego)和超我(superego)。

　　本我,是本能的我,是人格结构的基础。每个人天生就有一些本能的冲动和欲望,如饥、渴、性、攻击等。本我遵循"快乐原则",以寻求原始动机的满足为原

则,不受规则约束。比如,周末暂时放下科研、学习或工作,给予自己一定的"放空时间",这是满足本我的需要。

超我,是道德化了的自我。超我遵循"理想原则",它通过自我典范(即良心和自我理想)确定道德行为的标准,通过良心惩罚违反道德标准的行为,使人产生内疚感。超我是后天习得的社会道德态度,与个体成长经历中的人和事有关。当我们"放飞自我"的时候,可能会想到"某个项目马上要结题了""实验还没跑出来"等,感到自己是在浪费时间,从而产生自责、内疚的情绪,这是超我在发挥作用。

自我,是面对现实的我,是本我和外界环境的调节者。自我奉行"现实原则",它既要满足本我的需要,又要制止违反社会规范、道德准则和法律的行为。也就是说,自我介于本我与超我之间,对本我的冲动与超我的制约具有缓冲与调节的作用。

我们可以把本我想象成一个被宠坏的小孩,它追求欲望的即时满足,不考虑欲望的现实可行性;而超我便是一个大家长,当本我不顾现实,只要求满足欲望、寻求快乐的时候,超我会坚持做正确和有利于未来的事,所以超我和本我之间经常发生冲突。而自我的作用就更为复杂了,不仅要调停于本我与客观环境之间,还要调停于本我与超我之间。因此,自我的力量必须足够强大,才能够协调它们之间的冲突和矛盾。然而,当本我和超我的矛盾非常尖锐时,自我常常无法很好地处理这些矛盾,会给自我带来很大的焦虑。

为了缓解内心痛苦和焦虑,自我作为一个"调停者",会形成各种各样的防御机制,如压抑、否认、回避、隔离、替代、拒绝、反向形成、理智化、投射等。这些防御机制常常在无意识状态下使用,以保持心理平衡。

每个人的心理防御机制具有个性化的特点,合理且灵活地使用在很大程度上保护了心理健康;但是如果使用不当,或者僵化地使用不成熟的心理防御机制,那么会造成适应不良。

在"内卷""科研压力大""疫情下的就业难"等生存现状下,再加上家庭的高期望,往往导致研究生超我的高要求,使得本我和超我常常处于矛盾冲突的状态中,当自我无法调节这些冲突时,就会无意识地使用各种心理防御机制。

比如,借助压抑这种防御机制,本我的强烈冲动被排除出意识领域,他们的外显表达被控制。在现实情境中,表现为在"内卷"环境中,看到实验室、周围的人都在看文献,写论文,虽然内心很想放松一下,但是学生可能会想到"我是不是学得还不够,我会不会毕不了业",由此产生焦虑的情绪,为了防御这些痛苦和焦虑的情绪,学生会选择留在实验室继续学习。在这个情境中,本我的冲动被压抑了,超我发挥了作用。

(二)埃里克森的人格发展理论

埃里克森认为,人的自我意识发展持续一生。他把人格的形成和发展过程划分为八个阶段(表 2-4),每一阶段都有一个人格发展的核心问题,前一阶段核心问题的顺利解决是人格持续健康发展的前提。

表 2-4　埃里克森人格发展八阶段理论

年龄/阶段	心理阶段	核心问题	积极结果	消极结果
0～1 岁/婴儿期	基本信任对不信任	我能相信他人吗?	内在好的感觉,信任自己和他人,乐观	坏的结果,不信任自己和他人,悲观
2～3 岁/幼儿早期	自主性对羞怯和疑惑	我能自己说了算吗?	意志训练,自我控制,能做决定	刻板严厉,过分自责、怀疑,关注自我,空虚
4～5 岁/学前期	主动性对罪疚感	我能有所超越吗?	成功的欢乐,主动性、方向性、目的性	对深思的目标和取得的成就感到罪疚
6～12 岁/潜伏期	勤奋对自卑	我有足够的能力吗?	能够被生产性的工作吸引,因完成工作而自豪	不适合感和自卑感,不能完成工作

续表

年龄/阶段	心理阶段	核心问题	积极结果	消极结果
13～18岁/青少年期	同一性对角色混乱	我到底是谁？	对内在一致性和连续性有信心，一生的憧憬	角色混乱、没有固定标准、感到虚伪
19～25岁/成年早期	亲密对孤独	我为某种关系做好准备了吗？	情感的共鸣，分享想法、工作和感情	避免亲密、关系淡漠
26～65岁/成年期	繁衍对停滞	我的生命是否有所传承和延续	能投入工作和建立亲密人际关系的能力	失去对工作的兴趣、人际关系贫乏
65岁以上/老年期	自我整合与失望	我的生命是有意义的吗？	秩序感和意义感，对自己的成就感到满足	怕死，对生活及生活中已得到的或没有发生的事情感到痛苦、失望

珀文.人格科学［M］.周榕,陈红,杨炳钧,译.上海:华东师范大学出版社,2001:188.

对照人格发展八阶段理论,研究生大多处在成年早期,处在这个阶段的个体有着强烈的爱与归属的需求,面临的核心问题是解决亲密对孤独的冲突。埃里克森认为,亲密的社会意义是个人能与他人同甘共苦、相互关怀,亲密感是在共同完成任务的过程中建立起来的。从这个意义上说,作为研究生求学阶段的重要他人,导师与研究生之间建立的关系对于学生人格发展的影响不容忽视。

同时,埃里克森认为,只有一定程度上解决了前一阶段的核心问题,建立了同一感的个体,才有可能与他人形成稳定的亲密关系。而没有建立自我同一感的人,往往害怕与他人过于亲密,不愿与他人交流思想和情感,从而容易产生孤独感。

可是,研究生在青少年期是否完成了"自我同一性"的探索,是否回答了"我到底是谁"这个问题呢？我们常常看到,中学阶段的学生把高考作为唯一的奋斗目标,而进入大学以后,常常感到迷茫和困惑,失去了自己的方向。面对"我是谁？我从哪里来？我要到哪里去?"这样的问题,甚至部分研究生都没有答案,他们带着过去未解决的心理发展问题又进入了新的发展阶段,面临新的核心问题。

因此,一方面由于"同一性对角色混乱"这一危机没有较好地解决,研究生在与导师建立亲密关系中可能会受阻,比如,有些学生读研的目的性并不明确,有的只是从众心理的驱使下的随大流,有的是为了暂时回避就业,还有的是遵从父母的要求和安排,他们在学习目标和学习动机上都无法适应研究生阶段的学习生活,也常常不愿与导师进行深度交流,回避与导师接触;另一方面,研究生又有建立起与导师之间的亲密关系,以获得解决这一阶段心理成长的核心问题的心理需要,如果在与导师的接触中感受不到情感支持,无法在亲密关系中获得能量,就会在心理、学习和生活上出现各种不适应的问题。

(三)人本主义理论的人格发展观

马斯洛是人本主义心理学的代表人物,在他看来,每个人都潜藏着不同层次的需要,分别是生理需要、安全需要、爱与归属的需要、尊重需要、自我实现的需要(图2-4)。他认为,低层次的需要基本得到满足以后,就会向高一层次发展。

> 你无需——事实上也不能教会一粒橡树种子长成橡树,但是,如果给橡树种子一个机会,它内在的潜能就会使它成长为一棵高挺的橡树。同样,只要给予人类个体一个机会,他就能发挥出其特殊的人类潜能,朝着自我实现的方向成长。
>
> ——霍妮《神经症与人的成长》

在人本主义心理学家看来,人的内在是值得信赖的,且倾向于自我实现的,霍妮用"橡树种子"的比喻来揭示自我实现的力量。同样,从人本心理学的视角,每个研究生天生都具有自我实现和成长的能力,每个行为背后都能看到正面的积极的需要取向,或为了安全感,或为了归属感,或为了更高层次的自我实现的

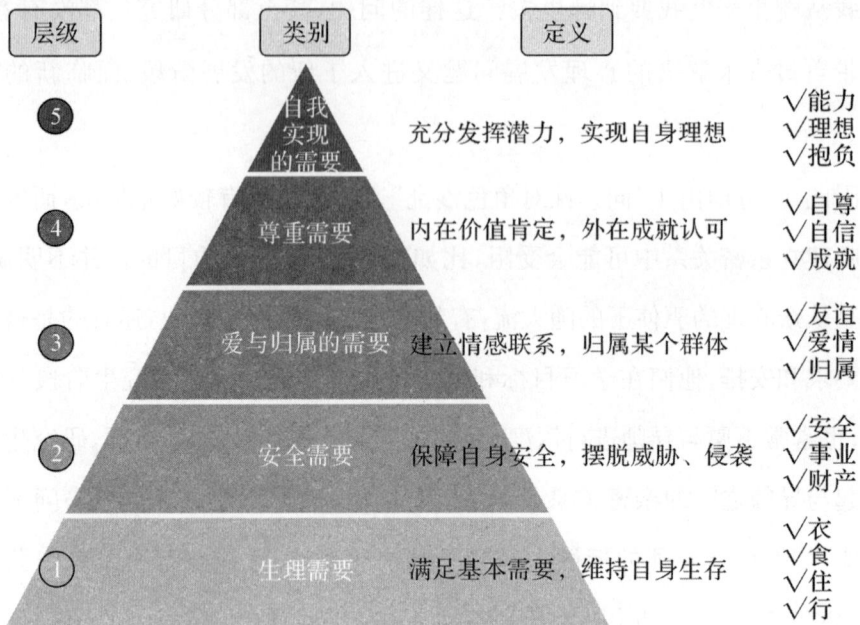

图 2-4　马斯洛的需要层次理论

需要。如回避在组会上做报告的学生或许是缺乏自信,担心负面评价,从而为了维护自尊的需要;唯唯诺诺、缺乏主见的学生或许是担心他人的不接纳,出于归属与爱的需要。

所有的种子都是从内部开始发芽的,导师要做的不是手把手帮助他怎么成长,而是看到并肯定种子有自己茁壮成长的动机和潜能,并帮助营造更合适的阳光雨露,提供促进性的安全土壤,使其跨越成长过程中的阻碍和困境。在感觉到自己被无条件接纳、深刻共情,接收到深度关系产生的养分时,学生的人格将会重新成长。

从哪些途径了解学生的个性?

1. 面试环节中的"首因效应";

2. 重要选择中的"价值取向";

3. 学习科研中的"态度行为";

4. 日常相处中的"生活风格";

5. 他人眼中的"人物画像";

6. 成长经历中的"重要人事"。

如何与不同个性的学生相处?

1. 看到学生个性中的"不同",因人而异,用不同的方式对待不同的学生,建立个性化的导学关系;

2. 理解学生个性的形成背景,积极肯定和鼓励长处,对不足多一些包容和耐心;

3. 发现学生内心真实的需要,努力挖掘其行为背后积极正性的动机和潜能,促进和激励自我实现和成长;

4. 提供人际情感支持,既做学生的陪伴者和支持者,也努力在团队中营造良好的人际氛围,增强学生的社会支持系统。

第二节　研究生的心理健康

一、什么是心理健康

(一)身体健康与心理健康的双向关系

世界卫生组织(World Health Organization,WHO)在 1989 年提出了健康的全新定义:健康不仅仅是没有疾病,而是包括躯体健康、心理健康、社会适应良好和道德健康。虽然这个定义的提出至今已有 30 余载,但现在看来仍有高度的概括性和准确性。关于健康的这一观点也逐渐为人们普遍接受,并达成共识。

钟南山院士(2020)曾说:"我非常相信一句话,健康的一半是心理健康,疾病的一半是心理疾病。"心理健康是健康的重要组成部分，身心健康之间的关系是双向的。

一方面，身体状况会影响心理状态。美国加州大学洛杉矶分校的 Aaron Kandola 博士及其团队发现，与整体健康水平高的人相比，心肺功能较弱和肌肉健康状况较差的个体更容易罹患抑郁症、焦虑症及其他常见的精神疾病。

Ohayon 等（2003）的调查也发现，有慢性疼痛的个体罹患抑郁症的概率是一般人群的 4 倍。这就表明保持一个良好的身体素质，不仅仅维持了身体的健康，还能对心理健康产生益处。

另一方面，心理状态也会影响身体状况，每个人的身体状况其实是心理状态的一种表达。Needham 等（2010）就曾做过有关抑郁情绪对身材影响的研究，结果发现，长期受到抑郁情绪困扰的个体，会影响其体重和身材，例如发生肥胖等。还有研究发现，当人遇到突发的压力状况，为了加速将血液供给关键的身体器官，以做好应对外，会在体内释放大量皮质醇，这就会刺激血管膨胀和表皮的油脂分泌，从而造成"痘痘"的产生，甚至产生其他的慢性皮肤问题。当心理健康状况更糟糕的时候，甚至会导致疾病的发生，在现代医学上有一个名词叫"心身疾病"，是指因精神或心理因素引起的躯体疾病，如肿瘤、结石类、乳腺增生、青光眼、高血压等。

（二）心理健康的含义

1946 年召开的第三届国际心理卫生大会对心理健康做了这样的定义："所谓心理健康，是指在身体、智能以及情感上，在与他人的心理健康不相矛盾的范围内，将个人心境发展成最佳状态。"同时，还指出心理健康的个体应当具有以下四个特征：身体、智能、情感三者协调发展；能良好适应环境，妥善处理人际关系；有幸福感；在工作、学习、生活等方面发挥自身能力，高效生活。由此可见，心理健康的界定不单纯只是疾病诊断标准的判定，而是个体自身机能、潜能的发挥程度与对社会的良好适应程度。

美国心理学家马斯洛提出了心理健康领域的十条经典标准：

1. 有充分的自我安全感；

2. 能充分了解自己，并能恰当评价自己的能力；

3. 生活理想切合实际；

4. 不脱离周围现实环境；

5. 能保持人格的完善与和谐；

6. 善于从经验中学习；

7. 能保持良好的人际关系；

8. 能适度地宣泄情绪和控制情绪；

9. 在符合团体要求的前提下，能有限度地发挥个性；

10. 在不违反社会规范的前提下，能适当地满足个人的基本需求。

不同群体的个体生理特征不同，面临的社会情境不同，体验到的社会角色必然也有差异，再加上心理发展的程度参差不齐，这也造就了不同群体心理特征的差异。结合研究生群体的生理特点、社会角色和心理特征，有学者将这一群体的心理健康标准归纳为以下七条：

1. 智力正常且能正常运用，能保持对学习较浓厚的兴趣和求知欲望；

2. 有客观的自我认知，悦纳自我；

3. 有良好的环境适应能力；

4. 能控制和调节情绪，保持良好的心境；

5. 能保持和谐的人际关系，乐于交往；

6. 能保持完整统一的人格；

7. 心理行为符合年龄、身份特征。

当然，以上所提到的心理健康标准也都只是建立在统计学上的相对多数的概念之上的，并非绝对的标准，具体情况还需要考虑个体的成长环境、文化背景和生理、心理发展的差异等因素，综合判断学生当前的状态，切勿随意给学生"贴标签""戴帽子"。

(三)关于心理健康的误区

误区一:活泼开朗、快乐阳光就是心理健康该有的样子。

这一误区往往源于人们对于情绪和心理健康之间关系的错误理解。很多人认为一个心理健康的人就应该只有正面情绪,比如喜悦、快乐、兴奋等,而没有愤怒、悲伤、恐惧等负面情绪。

而事实上,喜、怒、哀、惧是人类的基本情绪,任何一个个体在受到外界的某种刺激时,都会产生相对应的情绪感受,这是一个正常的刺激反应模式,任何一个心理健康的人都具有这些基础情绪。反之,该悲伤的时候不悲伤,该愤怒的时候体会不到愤怒,那才是让人担心的。

同时,情绪并没有好坏之分,哪怕是负面情绪也有积极的功能,可以帮助个体更好地适应环境、激发动机水平、组织其他心理活动,以促进个体社会人际交往。比如,在远古时代,当人们遇到危险动物或情景时,会自然地产生恐惧的情绪,从而远离危险的动物和情境以确保自身安全,情绪的适应功能让我们人类得以繁衍至今;而当代的一名学生在竞争中失败时可能体验到愤怒,这种愤怒情绪会激发其斗志,促使其以一种更加投入的状态去努力提升自身水平,也可能体验到悲伤,悲伤可能会促进其进行自我反思,从而调整自身的状态。

误区二:一个心理健康的人是没有任何心理问题的。

进入这一误区是因为人们往往用非黑即白的绝对化观点来理解心理健康和心理问题之间的关系。

如果用一个黑白两色的渐变色块来做比喻,纯黑的部分代表心理疾病或者心理障碍的人群,这部分占比是相当小的,纯白的代表完全没有心理问题人群,这也几乎不存在(图 2-5)。那么,绝大部分的人都会散落在灰色的区域里,灰色的深浅代表心理问题的不同程度。灰色区的一个特点是,绝大部分都属于心理健康的区域,而不是心理异常。

心理健康的人并不是完全没有心理问题,有心理困扰的人也可以是心理健

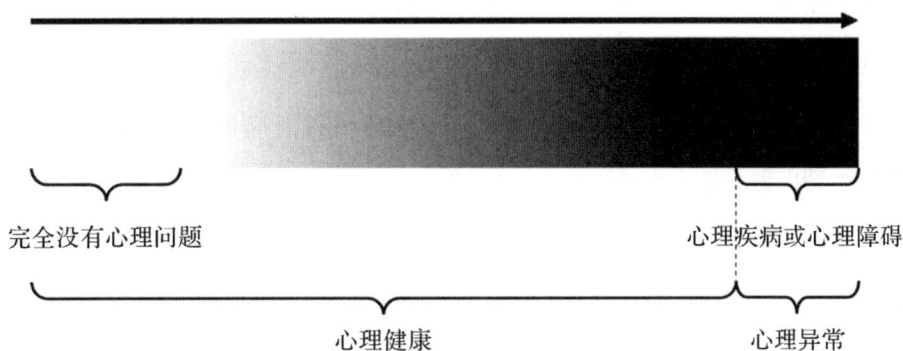

完全没有心理问题 　　　　　　　　　　　　 心理疾病或心理障碍

心理健康 　　　　　　 心理异常

图 2-5　心理健康和心理问题的关系

康的。因此,不应该对心理问题抱有灾难化的想法,或者认为有心理问题是羞耻的。就像感冒一样,每个人都会有心理困扰的时候,心理问题甚至能成为个体发展和成长的契机,尤其是适应性和发展性的心理问题。例如,对于学业适应存在困难的研一学生,如果能及时调整、努力解决这一问题,那么他就能增强自己对环境的适应能力,学会有效的应对办法。

误区三:只有少数人才会出现心理问题。

在很多人的认知里,心理问题离自己很遥远,但事实却并非如此,在研究生群体中,各种心理问题并不鲜见。《自然》(*Nature*)发布的《2019 年博士调查》提到,36%的博士因攻读学位而感到焦虑或抑郁。《中国国民心理健康发展报告(2019—2020)》显示,60.1%的研究生存在焦虑问题,更有 7.1%存在重度焦虑,且 35.5%的研究生存在一定程度的抑郁表现,12.4%的研究生属于抑郁高风险群体。这项调查还显示,导致研究生出现各类心理问题的最主要诱因就是无法平衡工作与生活。心理问题很可能就在我们身边,或者发生在我们自己身上,我们应当引起足够重视,主动维护和增进心理健康,提高自我调适的能力,必要的时候积极向专业人士和专业机构求助。

误区四:心理问题只是一时想不开,过段时间就会自愈。

的确,个体具有一定的自我调节能力,面对一些心理问题可以做到自我缓解,但是,这并不意味着我们可以忽视自己的心理健康,也不代表任何心理问题都可以通过自我调节来进行缓解。

心理问题有程度之分,个体的自我调节能力也各有高低,同一个人遇到不同程度的心理问题,或者是同样的心理问题发生在两个不同的人身上,最后的结果很有可能是不同的。因此,我们需要根据实际情况,综合判断和选择心理问题的应对方法。

当没有办法通过自身调节进行缓解时,寻求外界的帮助是必要的,例如寻找专业人员进行心理咨询,或者前往相关专业机构等,要避免因心理问题解决不及时对生活、工作和学习造成严重的影响。有些心理问题如果在初期不受重视,不及时进行干预和处理,那么极有可能就会演变成心理障碍或是心理危机,使得状况愈加严重。

二、当代研究生心理健康状况

(一)当代研究生心理发展特点

总体来说,当代研究生是努力上进,敢于做自己,渴望认同的一批人。他们在生理、心理和社会适应等方面迅速发展,有更宽广的视野和更开放的心态。他们有抱负,有上进心,愿意通过自我奋斗来实现价值,希望在学习和工作中获得认可;他们既兼容并蓄,又崇尚个人意志,注重自己的内在真实,有着强烈的存在感需求;他们愿意积极调整自己,应对压力,做事稳妥细致、讲求原则。

同时,当代研究生也普遍存在着心理承受能力低、抗压能力不足的情况。他们的自我调节能力还不完善,加上复杂的人际关系、繁重的学业压力、日渐增大的毕业和就业压力、青年人不可避免的情感和婚恋压力……在种种压力交织下,他们容易产生多方面的心理健康问题。

(二)当代研究生的心理健康状况及影响因素

2019年,中国科学院心理研究所以中国科学院大学的12723名研究生为对象展开调研,旨在明确研究生群体的心理健康状态,并探讨学业和个体因素对心理健康的影响,其中博士研究生占 44%,硕士研究生占 56%,平均年龄26.4岁,半数将在一年内毕业(《中国国民心理健康发展报告(2019—2020)》)。

基本心理健康状况:以焦虑为主,伴有抑郁问题

在抑郁倾向调查中,35.5%的研究生存在抑郁倾向,12.4%属于抑郁高风险群体。此外,焦虑群体比例更高,60.1%的研究生受到焦虑困扰,7.1%的研究生存在重度焦虑问题。其中,女性、博士生、毕业年级的抑郁和焦虑水平都显著更高。

影响当代研究生心理健康的因素

1.每日工作时长。过长的工作时间对心理健康有负面影响,工作时间越长,抑郁、焦虑的得分越高,其中工作时长为 10 小时及以上的研究生的焦虑得分显著高于工作时长低于 8 小时的研究生(图 2-6)。此外,日常工作时长控制在 10 小时以内可能更有利于心理健康。

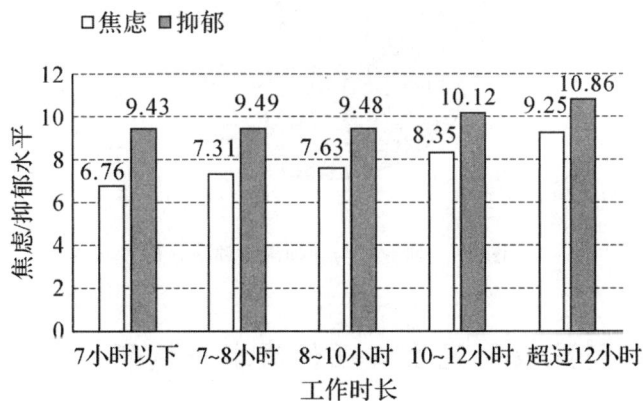

图 2-6 研究生工作时长与心理健康的关系

2.改情绪调节方式。情绪调节方式与心理健康相关。该研究从表达抑制和认知重评两个维度调查研究生的情绪调节方式。表达抑制是指抑制情绪表达行

为降低情绪主观体验度;认知重评是指通过改变对情绪事件的理解以及对个人意义的认识来降低情绪反应度。

结果发现,表达抑制的得分与抑郁、焦虑呈显著正相关,即更多采用压抑自己的情绪、不表达的方式,更容易产生焦虑、抑郁等心理问题。反之,认知重评的得分与抑郁、焦虑得分呈显著负相关,即改变自己的想法是健康的情绪调节方式,可以减少抑郁、焦虑情绪的发生。

3.导学关系。结果显示,导师和研究生在过去一年的沟通频率大部分集中在一周至少一次或一个月至少一次,与导师沟通频率越高(图 2-7),对导师的满意度也越高。此外,研究生与导师的关系是影响其心理健康的重要因素,导学关系与研究生的心理健康显著相关,导学关系越差,研究生的抑郁、焦虑情绪越多。

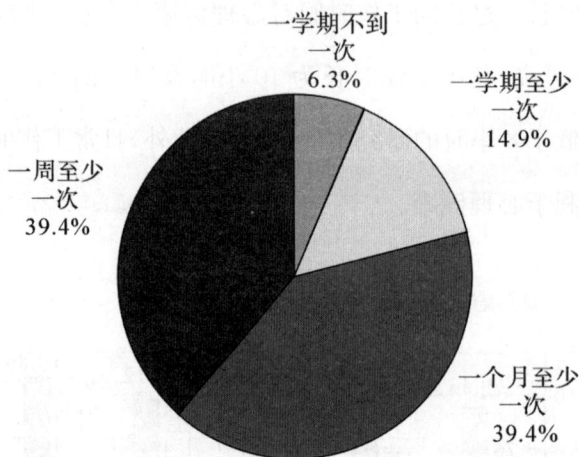

图 2-7　研究生与导师沟通频率分布

(三)某工科院校研究生心理健康水平调研

某省属重点院校开展了研究生心理健康水平的调查,有效数据为 1174 人,其中男生 576 人,女生 598 人;博士生 138 人,硕士生 1036 人。调查结果如下:

研究生群体普遍存在心理压力,且有性别差异

压力在研究生群体中普遍存在,本次调查列出了 10 项压力源(图 2-8),让学生以1～4分进行打分,其中"学业负担重""不知道自己适合什么工作""就业前景不理想""毕业论文遇到困难"是学生的主要压力源。

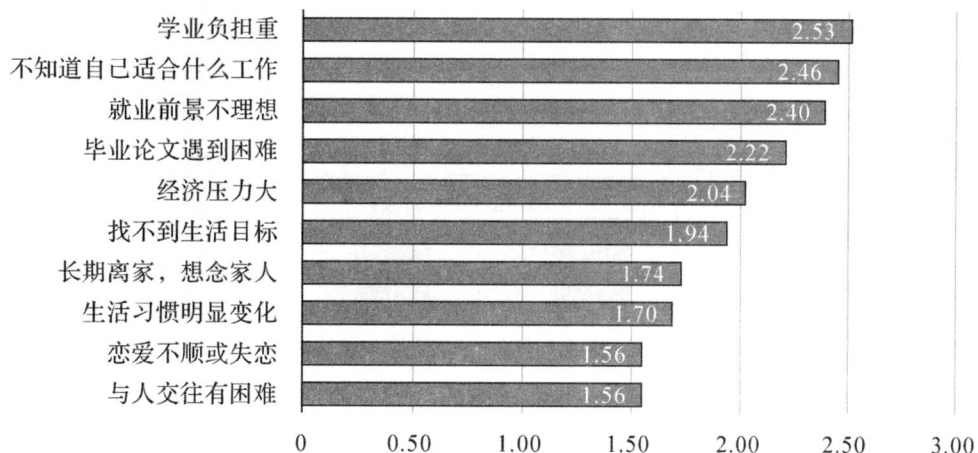

图2-8　研究生压力源

对总体压力水平在性别上的差异进行独立样本t检验,发现性别在压力水平上差异显著($P<0.05$),其中,男生压力水平大于女生压力水平(图2-9、图2-10)。

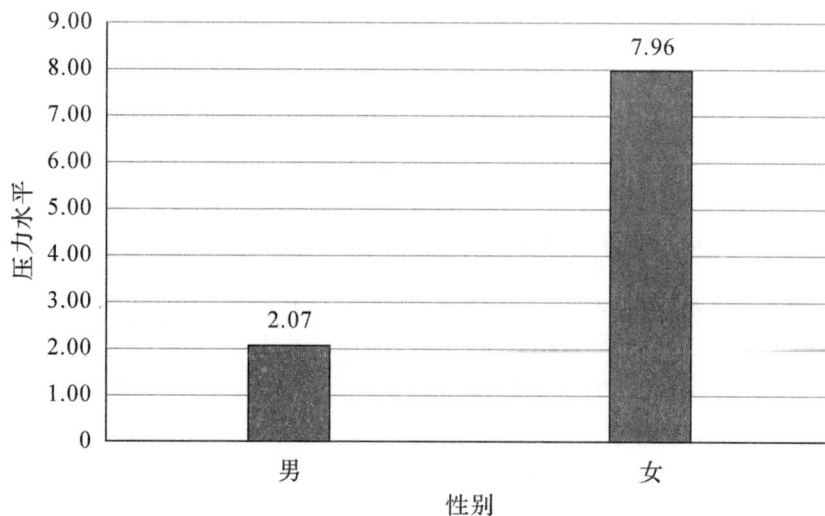

图2-9　压力水平在性别上的差异

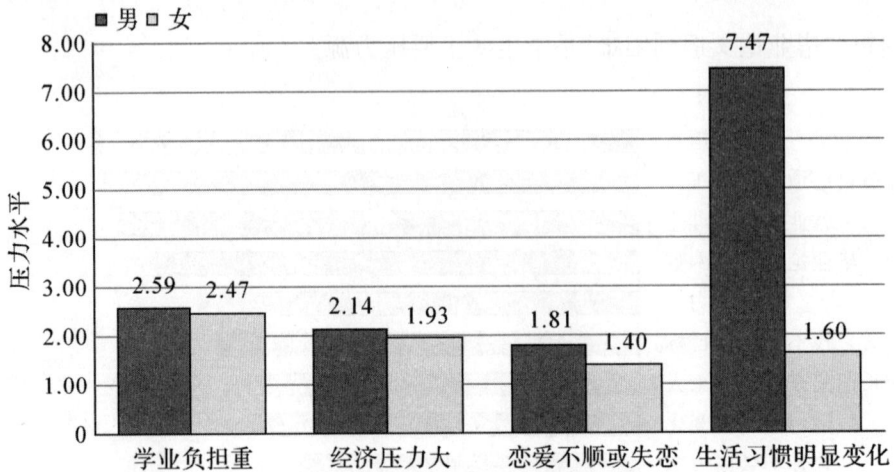

图 2-10 压力水平各维度在性别上的差异

具体看性别在各压力水平上的差异表现,发现压力在学业负担、经济压力、恋爱不顺或失恋、生活习惯明显变化上有显著性差异($P<0.05$),男生压力水平显著高于女生的压力水平。

研究生群体的抑郁水平在年级分布上呈倒 U 形

年级在抑郁水平上差异显著($P<0.001$),不论是博士还是硕士研究生,一年级到三年级为倒 U 形趋势,而在延长学制期间,抑郁水平有激增的趋势(图 2-11)。

社交活跃度与心理健康水平呈正相关

担任学生干部的学生,在自我同情、社会支持等维度的得分较高,在抑郁水平和焦虑水平上显著较低,说明社交活跃度可以在一定程度上帮助学生提高心理健康水平(图 2-12)。

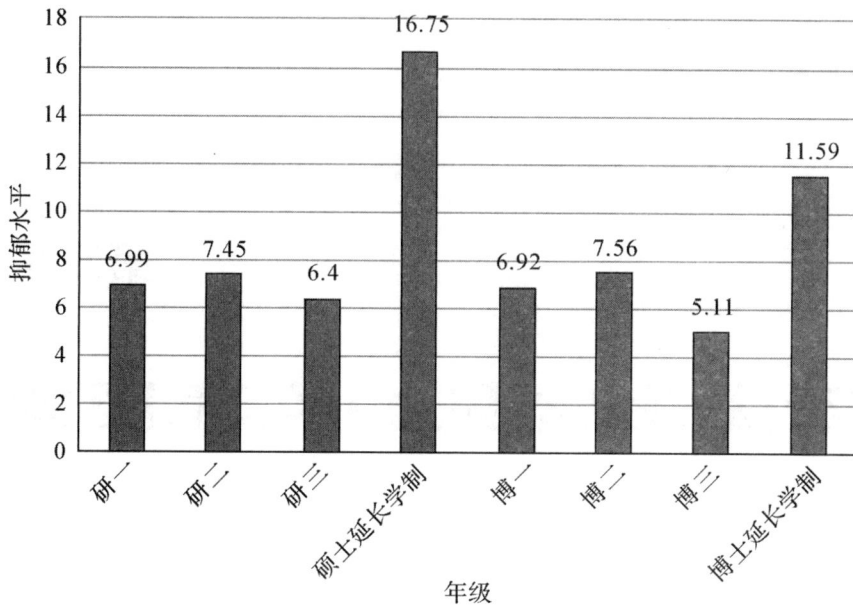

图 2-11　抑郁水平在年级上的差异

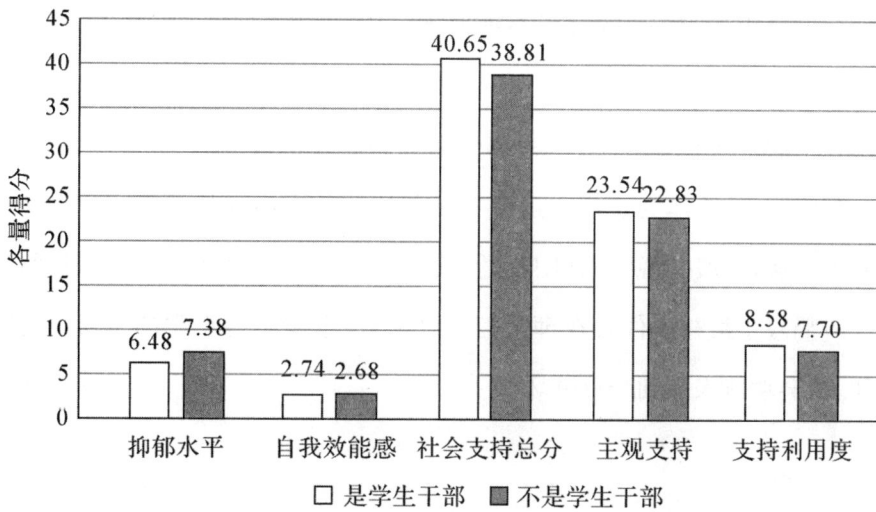

图 2-12　抑郁水平、自我效能感和社会支持总分在是否为学生干部上的差异

第三章

研究生常见的心理困扰

　　青年中期是一个人情绪起伏最大也最为复杂的时期,处于这一发展阶段的研究生群体面临着学习、科研、就业等现实问题的压力,容易体验到各种心理困扰。再加上研究生具有较高的成就动机和自我期望,当理想自我与现实自我之间出现较大差距时,便容易引起心理冲突,产生焦虑、抑郁、悲观、失望等不良情绪。

　　研究生的这些心理困扰是这个年龄阶段最主要的心理健康问题。心理困扰不是心理疾病,是个体为了完成适应与发展的任务而出现的正常心理现象。有别于心理疾病,一般来说,心理困扰的研究生体验到的心理冲突持续时间较短,情绪反应局限于最初事件且在理智控制之下,基本能维持正常的学习、生活、社会交往,社会功能未受到严重破坏。

第一节　研究生常见的六种心理困扰

一、学业压力

优秀的落差

研究生入学后,小新觉得自己在科研上的压力越来越大。第一次小组专业课程汇报时,他全力准备,但依然表现不好。之后的课题组讨论会上,导师指出小新自身基础较薄弱,还需要不断强化,小新的内心觉得很受打击,也觉得同学们肯定在嘲笑自己的蠢样子。

从中学到大学,小新的成绩一直都是名列前茅,一直都是榜样一样的存在。但现在,尽管已经非常努力了,但还是不令人满意。有一段时间小新都不去实验室,只是一人去图书馆看书,想要通过每天逼迫自己多看书、多学习,尽快追上与其他同学的差距。但总是无法集中注意力,学习时老走神,越走神,越焦虑。现在每次进入小组与导师讨论时,小新总是战战兢兢,情绪紧张,有时候会心慌和憋闷,担心自己哪儿再做得不好。渐渐地,他发现自己不管怎么努力都赶不上别人,产生了深深的自我怀疑,开始担心自己能否顺利完成学业了。

在经历了本科生阶段的基础教育后,以培养专业技术人才为主要目标的研究生教育在学业上需要有一定成果的产出。根据《中华人民共和国学位条例》有关规定:研究生必须通过硕士或博士学位的课程考试和论文答辩,同时具备科研工作的能力和创造性成果,才能被授予学位。研究生阶段课程难度明显提高,研究生除了要修满规定的课程学分外,还面临着选题、课题实验、发表学术文章、撰写毕业论文、论文评审与答辩等重要关卡,哪一关出现问题,都会影响到他们的正常毕业。这些不可避免地会对他们的心理造成一定的压力,产生沮丧、厌倦、抑郁、焦虑等负面情绪。

此外,从本科生以课堂教学模式为主,到研究生的自主探索学习,研究生阶段的教学目的、内容、方式存在明显变化,课程多、知识量大、学习条件和学习方法都发生了较大的改变,作业任务量大,学术要求高,自由支配的时间变少。相当一部分研究生入学后容易出现学习主动性不足、独立学习能力不强、创造性不够、学习方法不够科学、目的功利化等学习上的困扰。

再加上很多研究生在本科阶段没有认真思考读研的目的,对所选择的专业没有进行全面深入的了解,缺乏科研能力。因此在开启科研生涯后,在本就繁重的科研任务下,研究生还要兼顾学校课程,参加各类资格考试,撰写与发表规定数量与质量的论文,选修规定的课程以获得学分等,很容易体验到学业上的压力,进而产生焦虑感、自卑感以及学习上的不适应感。

研究生心声

小 A:"每周我都要在组会上进行数据汇报,但科研是需要时间积累的,有些实验的周期确实很长,而且实验的失败率也是很高的,虽然每天都在努力用心做实验,但是得出的数据不多。而导师会认为我什么都没做,我觉得很委屈。我希望导师能在实验上给予一些针对性的指导,比如说能帮助我修改实验方案,分析失败的原因等。"

小 B:"我目前实验进展缓慢,没有明确的方向,实验方案全靠自己摸索,或者从师兄那里稍微了解一点,导师在实验方向上好像没有给予什么实质性的帮助,我感到迷茫而又无助,担心自己毕不了业,十分焦虑。"

小C:"有些时候导师给予我的建议比较宽泛，需要自己多个领域去探索，可能会偏离研究方向，为此我感到很迷茫，很想努力做科研，但又不知道具体怎么去做，研究了半个月但结果方向不对，日子一天天过去了，我好焦虑。我希望导师能具体化或者规定一个研究目标，同时多关注我的实验过程，指出实验中的错误，这样自己能更有方向性一些。"

小D:"我在本科阶段的基础比较差，功底不够扎实，以至于进入研究生阶段后对课题、实验理解起来比较困难。尤其在看到别人的进展比较快时，就很担心自己能不能按时毕业，常常觉得心情不好、焦虑烦躁。"

小E:"我课题组的师兄师姐与自己的方向不同，每个人研究的都是不同的方向，自己的研究方向没人做，组里的师兄师姐不能给予太大的帮助，自己又是一个学术新人，感觉每天都在做无用功，没有成就感，觉得科研没什么意思甚至感到迷茫。"

二、情感压力

我的情感生活一片空白

自研究生入学以来，小奇的生活重心完全向科研倾斜，在实验室"画地为牢"的生活圈就像孙悟空为唐僧所画的抵挡妖魔鬼怪的金圈。他的内心也有对爱情的美好渴望，但迫于现实一直被压抑着，再加上理工科男生的腼腆和不自信，就像剪刀的左右手，合力剪断了月老的红线。小奇觉得自己每天三点一线的生活，很难有机会接触到异性同学了，更别说谈恋爱了。看着他在老家的发小一个个都娶妻生子，自己担心这一辈子都找不到对象了。为此，他感到十分苦恼。

　　根据马斯洛的需要层次理论,爱与归属的需要是人的基本需要之一。处于婚恋年龄阶段的研究生群体有着开展异性交往和建立亲密关系的心理需求,他们渴望拥有爱情、收获爱情,特别是在学习科研的压力下,他们也渴望在精神上找到寄托,与另一半可以一起分享快乐、分担烦恼。

　　但由于研究生学习生活的特殊性,他们的交际圈窄,使得他们并没有很多时间和精力去长久维持一段恋爱关系。而在恋爱中,由于双方距离远、性格和生活节奏不同等因素,也会出现一些情感烦恼。再加上当他们面对同辈已经结婚生子或者拥有幸福爱情生活时,这种无形的比较会导致研究生的内心焦虑,增加心理压力。

研究生心声

　　小 A:"难熬的异地恋碰上了可怕的疫情,真的是太难了! 受疫情影响,我已经好久没有出校门了,感情就像波浪线,此起彼伏,随时濒临破裂,不仅学业上毫无建树,而且感情上也面临挫折,天天都是痛苦面容,躺在床上有时候就会自己哭出来。希望导师能给予我一些如何平衡学业和感情方面的建议。"

　　小 B:"我们实验室里男生比较多,几乎没有女生,平常每天又几乎都在实验室待着,很难有机会认识新的女生,更加没可能找到合适的对象,而且以后的工作环境也是男多女少,很担心以后找不到对象,而且学生时代是最好找到对象的时候。我希望导师之间可以组织一些跨课题组的活动,让我们这种组里都是男生的和那些组里基本上都是女生的可以多接触接触,增加找到对象的概率。"

　　小 C:"由于课题任务繁重,每天我都周旋于实验与文献之间,很少有自己的自由时间,导致和女朋友聊天的时间日益减少,感情方面开始出现问题,常常情绪低落。希望导师能多关注学生的情感问题,合理地布置课题组的任务,多给予一些空闲时间,能有正常谈恋爱的时间。"

三、人际交往压力

我该如何表达自己的想法

小慧是一名研一新生,她性格温柔沉静,但不善言辞。刚到新学校不久,有很多地方不太适应,南方饮食与北方差别有点大,吃得不太习惯,宿舍紧邻鱼塘,晚上非常吵,影响睡眠。最让小慧苦恼的还是与新同学的交往问题,她不太善于交流,很多时候不知道该如何和他人表达自己的想法,但室友会以为她孤傲、冷漠,不好相处,与课题组的同学交往也很少。慢慢地,小慧都觉得自己要自闭了。

小慧是家里的独生子女,从小在父母的陪伴下长大,上大学的时候也选择了当地的大学,为的是可以经常回家。但在选择考研学校的时候,父母觉得应该出去锻炼一下,小慧自己也愿意试试独立。但是现在,小慧感觉很烦躁,对自己是否能坚持下去产生了怀疑。

对于研究生来说,入学意味着告别旧友,去熟悉适应新的人际交往关系。但研究生的管理模式与本科生不同,更侧重纵向管理,比较常见的是课题组、实验室管理,甚至是导师一对一指导。研究生期间集中学习和集体活动的机会较本科期间大大减少,班集体的概念不断淡化,研究生们缺少集体交流的机会,同学之间缺乏情感上的交流和支持,致使他们孤独感增强,归属感降低。

不同的地域文化、生活习惯、家庭氛围、性格特点等也让研究生们在人际交往中容易出现一些观点和行为上的矛盾冲突,带来一些负面的情感体验,不少研究生会为不良的人际关系而烦恼,觉得研究生时期的友情不如本科和中学时的友情深厚。

此外,作为尚未真正踏足社会的一个群体,研究生对建立真诚、和谐、友好的人际关系常抱有理想化倾向。一些研究生由于思想认知上的偏差,或缺乏处理相关问题的经验,当在交往互动中无法满足自己内心的期待和需求时,就会产生自卑、自闭等消极心态,甚至产生严重的人际交往障碍。

研究生心声

小 A:"我平时科研压力大,实验占据了我的每一天,基本上每天都泡在实验室,根本没空社交和认识新的朋友,导致朋友圈越来越窄,除了同课题组的同学,基本上没什么新的朋友,心中的郁闷不知道找谁倾诉,连出去喝点酒都找不到人,感觉没有了自己的生活。"

小 B:"除了课题组的同学外,就没机会认识新的朋友,我的朋友本来就很少,现在这种环境下,没机会认识新的朋友和同学,生活也越来越无聊,有烦恼不知道跟谁倾诉,想出去玩也不知道找谁,我感觉好孤独。我觉得可以组织课题组之间合作、联谊等,为大家搭建一个相互认识新朋友的平台。"

小 C:"因为课题组比较大,人数比较多,课题组有些同学在办公室大声说话或者组团打打游戏,会影响我学习,但是我又不好意思直接说,怕影响同学间的感情,也怕受到他们的排挤。如果可以加强管理,制定一些规矩,在正常学习时间内能有个相对安静的学习空间,那就太好了。"

小 D:"我是'社恐星人',没有勇气去认识新的朋友或者同学,现在认识的人也仅仅是室友和课题组的同学,但是课题组内的氛围有点压抑,本来自己就社交恐惧,在现在这个氛围下,自己更加压抑。我希望导师能在闲暇之余组织一些类似于课题组爬山、郊游等活跃组内气氛的活动,能有个更加愉悦的科研氛围。"

小 E："我和室友的作息时间差距比较大，一般晚上 11 点半我就睡觉了，而室友有的时候 11 点半才回来，还要洗澡什么的，弄完一切都 12 点了，严重影响了我的作息，直接导致我第二天精神状态很不好，真不知道怎么办。"

四、经济压力

经济压力重如山

小佳来自一个普通的农村家庭，从读研开始就感受到了很多压力，而最主要的就是来自经济上的压力。同学们之间的消费差距给小佳的心理带来一些冲击，其他同学家里给的生活费多，消费就比较自由，而小佳家里还有不少负债，她读了研后已经不好意思再向家里要钱了，目前的开支只能勉强满足最基本的生活需要。而且，小佳觉得自己年纪不小了，非常想通过自己的力量减轻父母的负担，选择读研的很大一部分原因也是希望给就业提供更多的机会，未来能从事一份高收入的工作，改善家里的经济状况。但是现在，要如何应对读研期间的经济压力呢？

对于研究生来说，要负担除了学费、住宿、课业等开支，还有个人生活上的开支，比如饮食、服装、人际交往、婚恋、娱乐休闲等，相比本科生，经济上的需求增加，在没有经济来源的情况下，很多研究生面临着较大的经济压力。

再加上部分研究生家庭经济本身并不富裕，培养出一个硕士生、博士生，已经消耗了很大的家庭积蓄，学生自己内心非常渴望通过自己的力量，给家庭减少负担，甚至改变整个家庭的经济状况。在学校发放的补助不足以应对日常生活的情况下,有的学生通过寒暑假的兼职赚取学费,或是通过助学贷款的形式缴纳学费,但更多的研究生依然为学费、生活费等所困扰,无形中给他们带来了巨大的压力。

研究生心声

小 A:"随着学习的深入与老师布置任务的增加,我做实验的频率与单次实验所需的时间也随之增加,工作量与之前相比有了明显的提升,但我也丝毫没有懈怠,仍然按标按量完成任务,有时实验需要进行到夜里十二点甚至凌晨才能完成。但是日常发放的补贴并没有发生变化,这有时会让我感觉付出的劳动没有得到相应的回报。如果导师能够看到我的辛苦付出,提高相应的补贴,使我的生活压力能够减少一些,这样我就能更加专心地投入科研当中。"

小 B:"在日常的实验过程中,我经常需要自己垫付一些耗材的费用,虽然最终会报销下来,但这个流程需要的时间比较久。而我平时的生活费本来就不多,再垫付费用真就使原本并不富裕的生活雪上加霜,有时基本的吃饭费用都要精打细算,这无形中又给我增加了额外的压力。"

小 C:"二十多岁了,年纪也不小了,我还不能独立解决基本的生存问题,经常需要向家里要钱,相比同年龄的已经工作的同学,他们都已经可以回馈父母,这个问题一直困扰着我,也让我感到有些愧疚,无形之中给我的心理带来了不小的压力。我想改变这种状态,但鉴于学校的地理位置出行不是很方便,再加上疫情反复,兼职也不好找,想起来真让人困扰。"

五、求职压力

毕业后我该何去何从

　　小美是一名研二的女生,目前在科研方面还算顺利,但是一直没有一个明确的职业规划。小美平时性格就比较纠结,做决定的时候总是很犹豫,现在面临毕业的抉择,更加不知所措。她曾经想过读博,但她觉得自己在专业理论方面还很欠缺,可能承受不了学业的巨大压力;工作吧,自己想去的岗位可能够不上,能去的岗位又不想委屈自己,考公或者考事业编的竞争太激烈了,又怕自己白折腾。眼看毕业逐渐临近,还是拿不定主意。

　　就业难成为近几年越来越热门的话题,大学毕业生人数的增加使得毕业生找工作越来越困难,因此考研成为许多大学生暂缓就业压力的应对方法。很多学生认为,读研之后找工作应该会相对容易些,收入也会相应地增加;但现实并不是如此。

　　一方面,由于近年来研究生培养规模不断扩大,加上疫情的冲击,使得研究生人才市场快速饱和,人力资本内卷,薪资水平不尽如人意,理想与现实差距增大,给就业导向的研究生们带来了较大的心理落差。某些领域研究生供需比例严重失衡,用人单位开始占据主导地位,拥有更大的自主权和选择权,而研究生则处于被动地位。另一方面,由于研究生的教育成本和放弃工作的机会成本过高,研究生就业时普遍有较高的职业期望:倾向于选择较为稳定的、高收益、高社会回报的职业。这些研究生在求职时会带着一些认知偏差,希望自己能找到一个理想的工作,不管是工作待遇、工作环境、上班时间还是地理位置,都想要最优的,但事实上这样的"完美工作"是非常少的。面对残酷而紧迫的就业局势,一些研究生很容易出现焦虑、抑郁等心理问题。

此外,因报考研究生的从众心理,一部分研究生在报考时甚至开始研究生学习生涯后,都没有明确自己未来的发展方向。不少研究生对未来觉得迷茫,有的学生觉得考虑这个问题还为时尚早,求职意识不强,也有的研究生在求职就业时拿自己和已工作的同龄人进行横向比较,这无形中加大了自己的心理压力。

研究生心声

小 A:"我目前处于实验阶段,很难接触、了解到有关工作的一些实际情况,关于未来的就业方向毫无头绪,平时只能从师兄师姐那里听说一点消息,也都是一些片面的消息,也不知道未来工资会有多少,相关专业的工作环境怎么样。晚上睡觉前想来想去也没什么头绪,就很苦恼。"

小 B:"因为我们目前主要处在学校这个环境中,也缺少一些有效的途径去深入了解未来的就业方向与就业环境。想跟师兄师姐了解,但师兄师姐都在忙着毕业的事情,很少有深入交流的机会。而且师兄师姐也表示没有真正进入企业工作,他们也缺少实际经验。希望导师可以多带我们去合作企业实地调研考察,感受企业文化和氛围,了解以后工作的环境。"

小 C:"我不清楚我学的专业和课题在实际工作中是如何应用的,也不清楚未来在企业工作中应该具有怎样的知识储备,感觉平时的学习与真实的工作环境有些脱轨,让我感到有些迷茫。如果导师能安排一些实习就好了,毕竟要经历过才知道。"

小 D："我对自己未来要从事的工作可以说是毫无头绪,但眼看着就要到了找工作的时候,也不知道该如何去找到合适的工作,只是单纯听说师兄师姐的工资很高,待遇也不错,但具体适不适合我呢,也不是很了解。目前就很惆怅我怎么才能找到这么好工作,如果导师能请已经就业的师兄师姐回来分享一些求职经历以及工作之后的一些实际情况,我想会有很大帮助的。"

六、导学关系问题

"组会恐惧症"

小天是一名研二的学生,他特别害怕参加课题组组会,不管自己近期是否取得了进展,每次开组会都有很大的压力,他称之为"组会恐惧症"。让他感到恐惧的不是组会本身,也不是让他汇报研究进展,而是导师的评价和反馈。在小天眼里,导师是个非常严厉的人,和学生交流的时候,从来不表扬和鼓励,总是批评不足,仿佛在他看来,永远都没有让他满意的时候。

没有成果时他害怕被导师批评,即使有成果,他对自己的成果也不够自信,担心汇报时被导师批评。因此每当要开组会时,小天的紧张感瞬间涌上心头,个人汇报时总是语无伦次,前后逻辑不顺,缺乏条理。然而除了自身的紧张,更加可怕的是来自导师当众的批评。自尊心在导师的一句句言语中被片片剥离,如同赤身于阳光之下,自身的过错暴露于众,既羞愧又不甘。慢慢地,他陷入恶性循环中,以至于现在对组会已经产生了本能的恐惧。自信心一点点地丧失,已经严重影响到他的日常生活。

　　我国研究生培养多采取一对一导师负责制,保证了研究生可以得到有效的指导,有助于培养学生的归属感、安全感。但这种制度又是一把双刃剑,在这种制度下,研究生导师既是研究生知识的传授者,又是其科研能力的培养者,更是其生涯规划的引导者和人格发展的影响者,导师与研究生的关系不仅基本决定了学生的学术生涯,还在很大程度上影响了学生的心理健康状态和人格成长。

　　在这段关系中,导师与研究生各自承载着不同的角色期待,当角色期待出现偏差时,会造成不良的导学关系,从而给研究生造成不小的心理困扰。有研究把常见的导学关系概括为剥削紧张型、疏离松散型、雇佣关系型、传统师徒型和良师益友型5种(刘燕等,2018)。导师对研究生的诚信水平、指导质量和态度、关系融洽度,以及学生的科研态度和质量都会直接影响导学关系。如何处理好与导师的关系成为摆在所有研究生面前一个普遍关注的问题,也成为他们心理压力的来源之一。

研究生心声

　　小 A:"导师对实验进程催促得很紧,我每天都在做实验,让我几乎每时每刻都在想着实验可能性以及实验结果之类的东西。日常中属于自己的时间几乎没有,更别提娱乐放松活动了。这让我越来越觉得研究生生活很枯燥乏味,也逐渐失去对科研的热情。"

　　小 B:"导师除了组会之外不怎么跟我沟通,而我们开组会的频率不多,平时实验上遇到什么问题也不知道怎么有效地跟导师沟通。越不沟通就越生疏,甚至平时都有点害怕找他交流讨论,也不知道怎么交流,感觉见到导师就有点发慌,也表达不清楚自己的观点。"

　　小 C:"我的导师比较繁忙,平时也很少见到他,导师基本没有多余的时间来指导实验,很多事情都要自己摸索,这样就使工作效率很低,有时候可能根据老师的经验稍微提点一下我就能解决问题,但我自己要探索很久就很浪费时间。真希望导师能抽出一点时间来指导我的实验,哪怕是一些线上的交流,也能让实验的进展快些。"

小 D:"我把自己的方案递交给导师后,导师的反馈周期比较长。这期间整个人都是忐忑不安的,我只能焦急地等待、等待,真的很着急,但是也不敢催促导师,怕给导师添麻烦,这个过程好纠结、好漫长啊。"

小 E:"我们组会的频率实在是太高了,高到我的实验并没有什么进展又要汇报,我需要多一点时间完成实验后再汇报,每天都在思考又要组会了,我该怎么用仅有的实验数据进行汇报,经常熬夜做 PPT,第二天一大早又要实验又要汇报,精力真的跟不上,经常感觉脑袋昏昏的。真希望导师能合理安排组会的频次,或者让我跟师兄师弟们分批次汇报也好,这样也能让每次的汇报内容更加充实一些。"

小 F:"我觉得与导师的关系有些生疏,不像初中高中时的师生关系,有时甚至一周都见不到老师,一直也都只是师兄师姐在进行实验方面的指导。我希望和老师变得更亲近些,也希望老师可以增减见面的频次,如果可以,我更希望跟老师交流一些学习之外的话题。"

第二节　研究生心理困扰的特点

一、研究生的群体特点决定了心理困扰的特殊性

研究生群体组成结构的复杂化、学习生活的分散化、承受压力的多元化以及课余生活的单一化等特点,决定了该群体的心理困扰也呈现多样性。情绪方面,

研究生由于受到学习方式的影响,思维比较缜密,遇事容易钻牛角尖,学习、工作的空间大多数又局限于研究室、图书馆、实验室等,较本科生更容易产生焦虑、敏感、抑郁等情绪;情感方面,研究生年龄普遍偏大,情感、婚恋问题不再像本科生可以避而不谈,一方面他们对于情感的认知越加成熟,另一方面由于种种原因他们与异性的交往很有限,两者之间的矛盾越来越大;就业方面,多数研究生一直未走出校园参加工作,在形势紧张的就业市场中,一方面要考虑本科毕业没有参加工作而继续深造所付出的机会成本,另一方面希望能够尽快找到令自己满意的工作,这给研究生增加了就业择业压力。上述问题不同于本科生所面临的常见心理问题,其特殊性是由研究生自身的特点所决定的。

二、研究生追求担当和自信造成了心理困扰的隐蔽性

研究生经历了本科阶段的学习,有的还有工作经历或是已经成家,无论在年龄还是人生经历上都比较成熟。他们常常觉得自己已经具备了较为成熟的处世原则和独立解决问题的能力,因而在面对需要解决的问题的时候,他们认为自己可以独当一面,表现出一定的担当和自信。在日常学习生活中,多数研究生高度关注科研,缺乏与导师、辅导员、同学之间深层次的心理交流,对父母通常也是报喜不报忧,强烈的自尊心使他们将自己的内心封闭起来,对外界表现出积极、乐观、向上的一面;但实际上,由人际交往、学习压力、就业压力、情感困境带来的困惑和压力都隐藏在心底,不为人知。这使得研究生的心理健康问题更为隐蔽,心理危机容易被忽视。

三、研究生对心理健康的误解导致了对心理问题的认知偏差

研究生因为年龄大,经历丰富,认为自己已经成年,所有问题包括心理问题不需要别人解决,而且一般的心理健康教育不能起到解决实际问题的效果。也有相当一部分研究生对学校的心理健康教育和服务资源存在误解,如不能够正

视心理咨询、不愿主动寻求帮助。学校开设的心理健康教育与咨询中心,在很多研究生眼中是一个医疗中心,认为只有"精神病患者"才去的地方,把心理健康问题等同于心理疾病,这些偏见和误解使本该发挥作用的学校心理健康教育工作在研究生中失去了应有的效力。

第三节　导师如何帮助有心理困扰的学生

导师与研究生的师生关系稳定,对研究生的教育影响巨大,因而具有了解和干预研究生心理健康的天然优势。导师要充分发挥这一天然优势,帮助和引导学生有效应对心理困扰,提升学生心理健康水平,在研究生心理健康教育工作中发挥积极的作用。

一、建立基于师生情感共同体的导学关系,彰显人文关怀

创建基于师生情感共同体的导学关系是导师开展心理健康教育的必备条件和首要环节。良好的导学关系本身就具有心理疗愈功能,能诱发研究生多方面的积极反应。导师对师生情感共同体的投入,决定着研究生对师门的归属感、认同感、荣誉感与幸福感。而研究生对师生情感共同体的感知,有利于其增强克服学业、生活困难的信心和勇气,减少自卑、焦虑等心理问题的发生。

师生情感共同体的培育是一个长期渐进的过程,导师应注重与研究生的情感交流,了解他们的性格差异和情感诉求,同时以师者仁爱建立一种不同于且不亚于亲情的师生情谊联结,消除彼此心理上的陌生与情感上的疏离,并以宽容、理解、接纳和非评价性的态度给予学生足够的信任感和安全感。当师生关系能够营造一种宽松融洽、平等愉悦、教学相长的氛围时,将极大地有利于促进研究生的身心健康成长。

作为师生情感共同体的"家长"，导师可以这样做：

1.倾注师者所能给予也应给予的仁爱与关怀，投入情感；

2.遵循平等与民主原则，设身处地地去理解学生的内心感受，增强交流和了解；

3.尊重学生的个性和权利，予以宽容、理解和接纳；

4.及时发现并帮助解决学生的实际问题；

5.积极引领学生与导师和其他成员之间加强情感联系与心灵对话。

二、强化心理育人的主动性和敏感性，及时发现研究生的心理健康问题

导师参与心理育人工作，一方面要关心学生的身心成长，注重心理潜能的挖掘和心理素质的培养，另一方面当研究生出现心理问题时要能够及时发现。

首先，要深入了解研究生个体、群体，导师应定期与研究生进行面对面的谈心谈话，了解学习和生活情况，及时准确地把握研究生心理状态，讨论亟待解决的问题，缓解学生当下面临的心理压力；充分利用网络资源，让性格内向、不善言辞、社交能力较弱的研究生通过网络向导师敞开心扉，进行倾诉和交流。其次，导师要经常与学院辅导员以及心理专职教师进行沟通，形成一种及时、高效、多方位的沟通渠道，通过更为全面地了解研究生相关情况，以及分析交流常见研究生心理问题，导师对有轻度心理问题的研究生，可以做到早发现、早疏导；当学生出现心理危机或严重心理疾病时，要敏锐察觉，并及时寻求专业机构人员的帮助。

和学生谈心谈话时，导师可以说：

1.我想知道在这件事上你的感受是什么样的？

2.我很理解你的感受,如果我是你,我也许也会这么做的。

3.你希望我可以怎么帮到你呢?

4.是什么让你产生了这样的想法的呢?

和学生谈心谈话时,导师避免说:

1.这点小事真没什么好难过的,想开点。

2.我知道你很累,每个人都很累,我更累啊。

3.这事情你跟我说有什么用呢? 该由谁负责就应该去找谁。

4.我以前也有你这样的想法,但后来……

三、坚持利导原则,引导学生正确看待心理困扰和负面情绪

坚持利导原则就是要求导师在心理健康教育中充分发挥自身优势,以模范的品德和言行去影响,用导师独有的方式和方法去引导,培养研究生良好的个性心理品质,提高心理健康水平。面对社会日益激烈的竞争与挑战,当代研究生很容易会出现焦虑、紧张、沮丧、浮躁等不同程度和形态的心理困扰,这是正常的心理现象。但如果处理得不及时、不妥当,就容易导致心理疾病,甚至是心理危机事件。因此,当学生遭遇到心理困扰时,导师除了引导学生正确看待之外,也要帮助他们正确应对。一是鼓励学生积极自我调适,如体育锻炼、转移注意力、认知重评等,充分发挥人类机体本来就拥有的强大功能,提高心理自我修复能力。二是鼓励学生主动寻求心理帮助,如果依靠自己的力量,并没有让自身的心理困扰得到有效缓解时,应主动向身边的老师、亲友、同学或者专业的心理医生寻求帮助。

引导学生看到情绪的功能是应对心理困扰的有效方式之一。研究显示,想摆脱自己的负面情绪,会越陷越深;而坦然接纳负面情绪的人,则更能面对它指

向的问题,更快走出这种情绪。情绪本身并没有正常或异常之分,任何情绪都有正面的价值,就如疼痛,固然是令人痛苦的,但也是对人的一种保护性措施。人如果没有了疼痛感,则很容易在受伤害时不能及时采取保护性反应。人们体验到的情绪也是一样,比如抑郁本身的体验是不愉快的,但抑郁本身也有积极的作用,可以使人面对一些平常试图避开的思考和感受。事实上,在遇到令人悲伤的事件时,如果没能感到抑郁,反而可能存在问题。因此,当学生沉浸在负面情绪中时,如果导师能引导学生认识并运用它们的正向价值,那么负性情绪也可以和人和平相处,学会接纳与面对情绪,就能发现成长和进步的可能。

一些负面情绪的正面价值:

焦虑——提醒你目前的期望与现实存在不符,还有成功的可能性,激发动力。

妒忌——告诉你自己想要的是什么,以及多么想要。

悲伤——是自我疗愈与安慰。每一次悲伤之后,内心都会经历蜕变和升级。

恐惧——面临某种危险情境,试图摆脱而又无能为力,让自己做好"战斗"或"逃跑"的准备。

愤怒——包含着自尊自重的力量,提示你有很强的改变的动力。

压抑——让你获得安全。在你没有能力或准备去应对那个冲突时,压抑保护了你。

四、学习和运用共情技术,提高心理助人的有效性

共情指的是助人者站在受助者的角度去感受他的情绪,理解他的遭遇。共情技术可以在促进导学关系中发挥重要的作用,是导师在与研究生相处过程中可以学会的非常重要的技术。共情技术既是一种黏合剂,又是一种催化剂,不仅可以帮助研究生处理自己的情绪,降低孤独感,也可以促进他们进一步进行自我

探索和自我接纳,更重要的是能使导师真正地站在研究生的角度去感受、去体验,有效地拉近导师与学生的心理距离,提升心理育人的有效性。

参照戴夫·默恩斯和布赖恩·索恩的四等级共情量表,根据共情的准确性和深度,我们将导师工作中的共情分为四个水平。

水平一:导师并未理解研究生所表达的感受,只是对自己的主观猜测进行表达,多为评论性或判断性语言。导师只是站在自己的立场或角度去看待学生,并未真正感同身受。

水平二:导师对研究生的部分感受进行了回应,漏掉了学生的其他体验。

水平三:导师完全站在研究生的立场,理解了他们的感受和想法,并能够给予准确的反应,表达关心。

水平四:导师不仅表达了对研究生表层的感受和反应的理解,而且表达了对他们潜在感受的理解,包括这些经验对学生的意义以及深层次的期待和渴望。

下面的一个例子可以帮助我们更好地评估共情的准确性和深度。

一名研究生向导师说:"我和室友的作息时间差距比较大,一般晚上十一点半我就睡觉了,而室友有的时候十一点半才回来,还要洗澡什么的,弄完一切都过了十二点了。这严重影响了我的睡眠,直接导致我第二天精神状态很不好,学习很受影响,科研任务也总是拖延,真不知道怎么办才好。"

反应1:学生住在宿舍里都要适应集体生活,怎么能什么都顺着自己呢?

反应2:集体生活就要彼此磨合的,努力适应一下,或者和室友谈谈吧,一定能找到解决问题的办法的。

反应3:室友的作息时间影响了你的睡眠,导致你第二天学习状态不好,这种情况暂时很难改变。我能理解你遇到了一个难题,内心一定很苦恼。

反应4:我知道室友的作息时间总是影响你的睡眠是一件让人很痛苦的事,我想或许你是很想拥有充沛的精力能好好专注于学习上,把科研任务完成好,在研究生期间有所收获。

在四个水平的共情层次上,第三个水平相当于初级共情,第四个水平则是高级共情。在实际运用过程中,导师应避免第一层次的反应,在导师和学生之间还没有完全建立起信任关系的阶段,导师的情感反应介于第二和第三层次就可以了,鼓励学生多谈论自己,多收集信息,最重要的是让学生感受到导师对他或她的关注、关心和理解。

在信任关系建立起来后,导师可以更多采用第三、四层次的反应,帮助学生对自己的问题有新的领悟,特别是在第四层次上,导师能对学生叙述中隐含的甚至连自己都说不清楚的部分进行反应,能较好地帮助学生自我理解,促进心理成长。

第四章

研究生常见的精神障碍

　　精神障碍是一种心理机能障碍，即认知、情绪或行为功能混乱，表现为内心痛苦、社会功能受损、行为异常或违反社会规范（巴洛等，2017）。与一般的心理困扰不同，有些身体机能上看起来完全正常的人却做不了日常生活、学习和工作中的某些小事，比如吃饭、睡觉、学习、工作、人际交往等，甚至无法做所有的事情，这给个体带来了主观上的异常痛苦。在心理学上，它们被认为出现了精神障碍。

第一节　研究生常见的几种精神障碍

精神障碍的类型

　　精神障碍（mental disorders）属于临床医学中精神病学（psychiatry）的研究范畴，一般可以将精神障碍简单地分为重型与轻型，重型更多受到生物因素影响，轻型更多受到心理因素影响。常见的重型精神障碍有精神分裂症、偏执性精神障碍、急性短暂性精神病、心境障碍等，临床多以幻觉、妄想为突出表现，往往有社会功能障碍和现实检验能力下降。轻型精神障碍则指各种神经症(焦虑障碍、强迫障碍、躯体形式障碍等)、心身疾病和人格障碍等,患者社会功能轻微受损,病情相对较轻,且有求治欲望(钱铭怡,2006)。

精神障碍的发病率

目前,国内关于研究生群体的精神障碍发病率没有权威调查结果,最近一次中国精神卫生调查(CMHS)的患病率数据是 2019 年北京大学第六医院黄悦勤教授等在线发表在《柳叶刀·精神病学》上的研究报告。该研究团队调查了除港澳台地区的 31 个省(自治区、直辖市)涉及 157 个具有代表性的国家疾病预防控制中心疾病监测点(县、区),发现排除痴呆后,六大类精神障碍(心境障碍、焦虑障碍、酒精/药物使用障碍、精神分裂症及相关精神病性障碍、进食障碍、冲动控制障碍)的加权 12 个月患病率为 9.32%,加权终生患病率为 16.57%(Huang et al.,2019),也就是说,在参与调查的人群中,有 9.32% 的人在近一年遭受精神障碍的折磨,有 16.57% 的人在他过去的人生中有这样的经历(或正在经历)。在过去的 30 年中,我国大部分精神障碍类型的患病率都在增长。同样的,我们在高校心理工作中发现,正在或者曾经受到精神障碍困扰的研究生人数也在不断增加。

精神障碍标准化诊断工具

目前,对于精神障碍的权威诊断工具主要有美国精神医学协会制定的《精神障碍诊断与统计手册(第 5 版)》(DSM-5)、中华医学会精神科分会发布的《中国精神障碍分类与诊断标准(第 3 版)》(CCMD-3)和世界卫生组织发布的《国际疾病统计分类手册(第十一版)》(ICD-11)。以下关于症状部分的内容,大多引自DSM-5 的分类,虽然主要通行于美国,但因其有详细的诊断标准,所以具有巨大的国际影响力(钱铭怡,2006)。

一、抑郁障碍

李亮是研二学生，每次导师看到他的时候都是很疲惫、闷闷不乐的样子，很长的一段时间里，上课和开组会的时候也经常发呆、走神，交代给他的科研任务拖了好久都没有开始。导师找他谈论科研进展和毕业设计时，他说自己也想学好，但是实在提不起学习的劲头，连吃饭都没胃口，还说觉得自己很差劲，对前途感到悲观失望，感觉人生没有意义。李亮在日常生活中越来越自我封闭，几乎隔绝了日常的人际交往。

什么是抑郁障碍

广义的抑郁障碍是以显著而持久的心境低落为主要特征的综合征，包括破坏性心境失调障碍、重性抑郁障碍（包含重性抑郁发作）、持续性抑郁障碍（恶劣心境）、经前期烦躁障碍、物质/药物所致的抑郁障碍等（DSM-5）。

通常我们说的"抑郁症"，指的是抑郁障碍中的"重性抑郁障碍"（以下内容中"抑郁障碍"均指"重性抑郁障碍"）。

抑郁情绪、抑郁状态和抑郁障碍

每个人都有喜怒哀乐，抑郁情绪是我们人类的正常情绪之一，日常生活中的抑郁情绪并不意味着患了抑郁症。和其他负性情绪一样，抑郁也是一个从正常到异常的连续体，而且在正常和异常之间并没有绝对的界限。这个连续体大体可以分为三个部分。

1. 抑郁情绪。每一个人在生活中都会感到过低落、悲伤、沮丧，甚至是绝望，当出现学习上面临困难、工作不顺利、感情遭遇挫折、被朋友误解、自己和亲人遭遇疾病打击等情况时，抑郁情绪往往会随之而来。这些情绪事出有因，是在一定的环境因素影响下出现的，因此具有时限性，只要不再有新的环境刺激，一段时间后就会自然缓解，趋于稳定。抑郁情绪的产生是十分正常的，也是健康的;反之,在遇到令人悲伤的事件时,如果没能感到抑郁,反而可能存在令人担忧的问题。

2.抑郁状态。其严重程度比抑郁情绪深,除了事出有因的抑郁情绪之外,还伴随一些没有任何具体原因的抑郁,也就是所谓的"内源性抑郁"。处于抑郁状态的个体可能会这样描述自己的感受:我也不知道为什么,就是开心不起来,我现在对什么都不感兴趣。抑郁状态还会伴随一些附加症状,包括失眠、食欲差、消瘦、性欲减退、精力缺乏、疲劳、失去活力、缺乏动力、大脑迟钝、自责、自我评价低、挫败感,甚至悲观厌世。抑郁状态已经接近疾病状态了,但和抑郁障碍还存在差异。

3.抑郁障碍。抑郁障碍和抑郁状态的区别主要在于持续的时间和程度,短期的抑郁状态不需要太担心,但如果抑郁状态长期持续并不断加深,每次发作持续至少 2 周,就要高度怀疑可能是抑郁障碍(抑郁症),此时应尽快寻求精神科医生的帮助。但抑郁障碍和抑郁状态两者间的界限有时连有经验的精神科医师和临床心理学家也不能快速区分,科学和严格的诊断需要临床医生在医疗机构里通过临床观察、病史采集、精神检查,根据统一的诊断标准才能作出。

抑郁障碍的核心症状和典型症状

抑郁障碍的核心症状是情绪低落、高兴不起来,以及以前感兴趣的事情现在不感兴趣了,感受不到乐趣,感到生活没有意义。

典型症状可概括为"三低""三自""三无"。

"三低"即情绪低落、思维迟缓、意志活动减退。表现为无法让自己高兴起来,思维反应慢,反应迟钝,行为和动作变少。

"三自"即自责、自罪、自杀。表现为遇到问题总是怪自己,觉得自己是个罪人,出现结束生命的想法或者行为(抑郁障碍是自杀风险最高的精神障碍类型)。

"三无"即无望、无助、无价值。表现为感到生活没有希望,没有人能够帮助到自己，也觉得自己没有价值。

疑似抑郁障碍学生的早期识别

作为导师，可能在日常学习生活中会隐约感觉到身边的某个学生"不对劲"，但无法通过对方的回应来验证究竟发生了什么。有时，抑郁障碍学生对自身的心理状况没有很好的觉察，有时，因为对精神障碍的羞耻感，会让学生不敢说出自己的痛苦。这时可以通过日常观察和关注，进行大致的识别，以便更有针对性和更及时地向学生提供帮助。

如果以下现象持续了一段时间（两周以上），就需要警惕学生可能患了抑郁障碍：

- 容易疲乏无力，经常告诉身边的人："我太累了。"
- 看起来总是闷闷不乐，而且对过去的爱好也不再感兴趣了。
- 室友或他人反映他常常失眠，或是起床困难。
- 经常不跟其他同学一起去吃饭，或聚餐时也吃得很少。
- 开组会时总是走神，发呆，看起来难以集中注意力。
- 科研任务常常拖延，催了也没用。
- 常常表示自己这不好那不好，"我太无能了""我只会给别人造成麻烦"。
- 几乎不主动找导师讨论科研任务，也很少跟同门交流。
- 提到"活着没有意思"等，跟人讨论人生的意义。
- 对很多事情都失去信心和希望，认为"事情不可能好起来的"。

如何与抑郁症学生相处？

"四要"

- 要支持他就医并遵医嘱，治疗和用药的问题要与专业人士讨论，而不应道听途说，认为药物治疗副作用大，更不应赞同他随意停药的决定。
- 要及时肯定他和感谢他，当他靠自己的努力完成工作时，当他为你提供了帮助时,及时真诚的反馈能提升他的自信心。

· 要相信他可以完成力所能及的工作,过分的照顾反而会打击他的自主性,可以与他一起讨论完成工作可能会遇到的问题和解决方案,并表示你愿意配合他。

· 要注意识别自杀信号,防范自杀。

"四不要"

· 不要回避他。抑郁症不会传染,请正常与他接触。

· 不要勉强他。他有可能不愿参加团体活动或不愿与人多说话,强颜欢笑的应酬会让他觉得非常有消耗感。

· 不要激励他。"看开点你的病就好了""你多笑笑就好了"之类的话对他来说是一种讽刺,"看不开"不是抑郁症的原因,而是抑郁症的一个症状。抑郁症和意志力也没什么关系。你"善意"的鼓励对他来说可能会成为压力和负担,他可能会因此更加自责和愧疚。

· 不要委屈自己。如果你在与他相处的过程中觉得困扰,无论是情绪情感上的还是工作上的,请立即启动你的"支持系统",与相关领导、学生家长讨论学生患病期间帮扶工作问题,与心理咨询师讨论你在与他相处过程中的界限问题。

DSM-5 中抑郁障碍的诊断标准

A. 在至少两周的时间内同时出现以下 5 种或更多的症状,并且其中至少有一个症状是情绪低落或兴趣缺乏:

1. 一天当中的大部分时间并且几乎每天都情绪低落,能够主观地诉说(比如:难过、空虚、无望),也可以被观察到(独自流泪);儿童青少年可能表现为情绪易激惹。

2.一天当中的大部分时间并且几乎每天,在所有方面的兴趣和乐趣明显减退。

3.明显的体重减轻或增加(比如一个月中体重变化超过 5%),或几乎每天都食欲减退或增加。若是儿童,则表现为体重不增加。

4.几乎每天失眠或过度睡眠。

5.几乎每天都存在精神运动性激越或迟滞(必须是可以被别人发现的,而不仅仅自己觉得心神不定或变慢了)。

6.几乎每天都感到疲乏或精力不足。

7.几乎每天都感到无价值感,或过度或不恰当的内疚感(而不仅仅是自我批评或为生病而内疚)。

8.几乎每天思考能力或注意力和决策力下降(主观感觉或被他人察觉)。

9.反复出现死亡(不仅仅是对死亡的害怕)和自杀的想法,或自杀冲动,或自杀计划。

B.这些症状引起有临床意义的痛苦,或导致社交、职业或其他重要功能方面的损害。

C.这些症状不能归因于某种物质的生理效应,或其他躯体疾病。

注:诊断标准 A～C 构成了重性抑郁发作。

抑郁自评量表(SDS)

抑郁自评量表(Self-rating Depression Scale, SDS)是美国杜克大学 William W. K. Zung 于 1965 年编制的,用于衡量抑郁状态的轻重程度及其在治疗中的变化。该量表在我国的心理学基础研究以及实践评估中应用广泛,在被试中有良好的信度和效度。

1.适用范围:适用于各种职业、文化程度、年龄段的正常人或各类精神病患者。但文化程度或智力水平较低者不能进行自评。

2.指导语:本评定量表共有 20 个题目,请你根据最近一周内你的实际感受,选择一个与你的情况最相符的答案。

A:从无或偶尔(过去一周内,出现这类情况的日子不超过一天)

B:有时(过去一周内,有 1~2 天有过这类情况)

C:经常(过去一周内,有 3~4 天有过这类情况)

D:总是如此(过去一周内,有 5~7 天有过类似情况)

请根据自己的真实体验和实际情况来回答,不需要花费太多的时间去思考。一般需要 5~10 分钟完成。

3.量表题目,见表 4-1。

表 4-1 抑郁自评量表

题　　目	从无或偶尔	有时	经常	总是如此
1. 我感到情绪沮丧,郁闷。	A	B	C	D
2. 我感到早晨心情最好。	A	B	C	D
3. 我要哭或想哭。	A	B	C	D
4. 我夜间睡眠不好。	A	B	C	D
5. 我吃饭像平常一样多。	A	B	C	D
6. 我的性功能正常。	A	B	C	D
7. 我感到体重减轻。	A	B	C	D
8. 我为便秘烦恼。	A	B	C	D
9. 我的心跳比平时快。	A	B	C	D
10. 我无故感到疲劳。	A	B	C	D

续表

题　　目	从无或偶尔	有时	经常	总是如此
11. 我的头脑像往常一样清楚。	A	B	C	D
12. 我做事情像平时一样不感到困难。	A	B	C	D
13. 我坐卧不安,难以保持平静。	A	B	C	D
14. 我对未来感到有希望。	A	B	C	D
15. 我比平时更容易激怒。	A	B	C	D
16. 我觉得决定什么事情很容易。	A	B	C	D
17. 我感到自己是有用的和不可缺少的人。	A	B	C	D
18. 我的生活很有意义。	A	B	C	D
19. 假若我死了别人会过得更好。	A	B	C	D
20. 我仍旧喜爱自己平时喜爱的东西。	A	B	C	D

4. 选项分值:

正向计分:A＝1,B＝2,C＝3,D＝4;

反向计分:A＝4,B＝3,C＝2,D＝1。

反向计分题目:2,5,6,11,12,14,16,17,18,20(共 10 题为反向计分)。

5. 结果分析:

将 20 个题目的各个得分相加,即得粗分。粗分乘以 1.25,四舍五入取整数即得标准分。标准分正常上限参考值为 53 分。标准分 53～62 分为轻度抑郁,63～72 分为中度抑郁,73 分及以上为重度抑郁。

6.注意事项：

SDS 主要适用于具有抑郁症状的成年人，它对心理咨询门诊及精神科门诊或住院精神病患者均可使用。对具有严重阻滞症状的抑郁症患者，评定有困难。关于抑郁症状的分级，除参考量表分值外，主要还要根据临床症状，特别是典型症状的程度来划分。量表分值仅作为一项参考指标而非绝对标准。

二、双相情感障碍

导师最近发现李华的心理状态起伏很大，有点捉摸不透。有时候他很活跃积极，整天精力很充沛的样子，乐于参加各种活动，见到人也很热情，讲起话来滔滔不绝，非常激动，还眉飞色舞的，但是过一段时间看他就变成一副闷闷不乐的样子，好像对什么都失去了兴趣，也不爱参与社交了，常常一个人独来独往，有时候还唉声叹气的，会说活着没有意思这样的话。这两种情况总是周期性地反复出现，导师也觉得纳闷了。

什么是双相情感障碍

双相情感障碍又称躁郁症，是指既有躁狂（或轻躁狂）发作又有抑郁发作的一类心境障碍（DSM-5）。患者的状态经常被比喻为坐在情绪的"秋千"或者"跷跷板"上，他们很有可能上一秒还在低落，下一秒就情绪高涨起来。

我国居民双相情感障碍患病率为 $1.0\%\sim1.5\%$，略低于全球平均发病率。双相情感障碍患者一级亲属心境障碍的患病率为一般人群的 $10\sim30$ 倍，血缘关系越近，患病率越高，有早期遗传倾向，即发病年龄逐代提早，疾病严重程度逐代增加（沈渔邨，2018）。

从凡·高、拿破仑、玛丽莲·梦露、海明威到丘吉尔……双相情感障碍似乎更偏爱天才，所以大众也称其为"天才病"。为了纪念印象派艺术大师凡·高，亚洲双相障碍网络(ANBD)、国际双相障碍基金会(IBPF)及国际双相障碍学会(ISBD)联合发起倡议,将3月30日(凡·高的生日)定为世界双相障碍日,旨在提升公众对双相障碍的认知。

　　然而,被美化的"天才病"背后,对大多数人来说,双相情感障碍是一种具有破坏性的、非常痛苦的疾病,躁狂发作时,他们精力和创造力旺盛,觉得自己无所不能,一天不睡觉也不觉得累;而抑郁发作的时候,他们的情绪又会跌落谷底,变得思维缓慢、悲观厌世,严重时会出现幻觉,甚至绝望到自杀。

　　流行病学资料显示:双相情感障碍多开始于青少年晚期,贯穿成人期,15～19岁年轻人群高发,有一半患者发生于25岁以前。双相情感障碍具有高复发率、高致残率、高死亡率等特点。躁狂发作时,在心境高涨、易激惹并伴有活力或精力增加的背景下,个体行为存在冲动性特质或冲动控制受损,攻击行为的发生比例升高,冲动性自杀或伤害他人的风险增加。此外,患者首次发病到确诊的平均时间为10年,近四成患者常被误诊为抑郁,长期抗抑郁治疗易诱发躁狂快速循环发作,从而加重病情。

双相情感障碍的典型症状

　　双相情感障碍患者既有抑郁又有躁狂的表现。

　　· 抑郁发作时主要表现为"三低",即情绪低落、思维迟缓和意志活动减退(见上文抑郁障碍的典型症状)。

　　· 躁狂发作时主要表现为"三高"。

　　(1)情绪高涨:可以从高兴、愉快到欣喜若狂,与其处境不相称的心境高涨、充满自信,且具有相当强的感染力;或容易发脾气、自我感觉良好。

　　(2)思维奔逸:言语增多,语速增快,喜欢高谈阔论、滔滔不绝,言辞夸大,说话漫无边际,并可达到妄想的程度。

　　(3)意志活动增强:精力充沛,出现挥霍、轻率或不计后果等鲁莽行为,严重者可能会出现破坏或攻击行为。

双相情感障碍的早期识别

在日常接触中,导师如果观察到学生在较长一段时间内交替出现以下两种状态,就需要警惕学生可能患了双相情感障碍。

在一段时间内,他处于抑郁障碍的发作状态(详见上述抑郁障碍的早期识别),另一段时间内,他又表现为:

- 情绪高涨热情,表现欲特别强,看上去心情非常好。
- 会和很多人谈论各种事情,喜欢高谈阔论、滔滔不绝,且语速快。
- 思维跳跃,言辞有夸大成分,说话漫无边际,可能达到妄想的程度。
- 自信心爆棚,觉得自己做什么都能成功。
- 精力旺盛,不睡觉也不会觉得累,依然精神抖擞。
- 完成学习和科研任务特别快,干劲十足,但做事虎头蛇尾。
- 组会或上课时容易被身边的事物吸引而分心,专注力降低。
- 寻求刺激和冒险,自制力降低,行为挥霍或鲁莽。

如何与双相情感障碍学生相处

当双相情感障碍学生处在抑郁发作状态时,参照上文"如何与抑郁障碍学生相处"的内容。

当学生处于躁狂/轻躁狂发作状态时要注意:

- 在和他接触、交谈时,要保持耐心,态度要和蔼、亲切,避免激惹。
- 不要和他有过多的交谈或争论,更不能因为他有夸大言语而讽刺、嘲笑他。
- 在学生话特别多时,要采用引导、转移注意力等方法。
- 尽量满足学生相对合理的要求,以免引起冲动、伤人行为。
- 不要限制他的活动,但尽量不要让其单独外出。
- 引导学生参与一些日常工作,使其精力和体力得到一定的宣泄和消耗。
- 实验室和办公室要尽量保持安静,以免引起学生过度兴奋。

双相情感障碍自评量表(BSQ)

双相情感障碍自评量表(BSQ)是根据 DSM-5(即美国精神医学协会制定的《精神障碍诊断与统计手册(第 5 版)》)制定的专业测试量表,适用于成人,对于双相情感障碍的临床评估有较大的指导意义。

指导语:以下题目是关于你在大部分的日常生活时间里的感受和行为。如果你的情况以前符合其中一个答案,而最近改变了,那么你的答案应该与改变后的情况相符合。

用下面的标准根据你最近的感受进行选择:0 表示完全不符或几乎不符,1 表示稍微符合,2 表示有点符合,3 表示比较符合,4 表示较多符合,5 表示非常符合或完全符合。

1. 有时我突然变得非常健谈,而且语速非常快。

2. 有时我突然变得特别主动,做一些平时都不做的事情。

3. 有时我突然觉得有一种"时不待我"的感觉,且这个时候我特别容易生气。

4. 我曾有这样奇怪的体验,一方面觉得自己情绪高涨,另一方面又觉得有些沮丧。

5. 我曾有那么一段时间极度想与他人发生性关系。

6. 别人常说我,有段时间显得过于自卑,有段时间又显得过于自信。

7. 我的工作业绩(学习成绩)不是很稳定,一段时间能做很多事,也能出成果,另一段时间却什么都做不出来。

8. 有时候,我有种莫名的愤怒,而且想打人。

9. 我在某一段时间觉得脑中空空如也,什么都想不出,而在另一段时间又想法特别多,很有创意。

10. 我在某一段时间特别喜欢和人们黏在一起玩耍,而在另一段时间我却只想单独静处。

11. 我在某一段时间觉得特别乐观,而在另一段时间我又特别悲观。

12. 我在某一段时间觉得好想哭、好悲伤,而在另一段时间又特别幽默,特别爱笑。

解释:总分小于等于15分可能是单相抑郁;总分16~24分可能有一定程度的抑郁或者轻微的双相情感障碍;总分大于等于25分则可能是双相情感障碍。

三、焦虑障碍

小明是研二的学生,最近导师交代给他的任务拖了好久好久,每次看到他都是疲倦的精神状态,还变得容易发脾气。小明对导师说最近很容易紧张不安,心里经常会出现一些莫名的担心,担心的事情很多,如担心论文写不好,毕不了业,担心身体健康,感觉身体可能得了大病,脑子里经常会胡思乱想,难以停下来。还经常感觉身体不舒服,头痛起来像戴了紧箍咒一样,有时还感觉胸闷,胸部像压了一块大石头似的,有时感觉呼吸不过来,需要大口喘气才感觉舒服一些。睡眠也变差了,失眠早醒,他对现在的睡眠状况很恐惧,担心长期睡眠不足可能会让自己猝死。由于总是在紧张和担心中,注意力难以集中,导致学习效率明显下降。

什么是焦虑障碍

通常我们说的"焦虑症"指的是焦虑障碍。焦虑障碍(anxiety disorder)是一种以广泛和持续性焦虑或反复发作的惊恐不安为主要特征,常伴有自主神经紊乱、肌肉紧张与运动性不安等症状的神经症。焦虑并非实际威胁所引起,其紧张程度与现实情况很不相称。

世界卫生组织于 2018 年发布的一项国际调查也发现,在过去的 12 个月中,有 31% 的博士生出现了精神障碍的迹象,其中就包括一般性焦虑障碍或恐慌症(Auerbach et al.,2018)。权威期刊《自然》发布的《2019 年博士调查》显示,36% 的人曾因攻读博士而感到焦虑/抑郁。2020 年,以中国科学院大学的研究生为样本,《中国国民心理健康发展报告(2019—2020)》显示,60.1% 的研究生有焦虑问题。黄悦勤等(2019)发现焦虑障碍是加权 12 月患病率及终生患病率最高的一类精神障碍,分别为 5.0%(4.2%~5.8%)和 7.6%(6.3%~8.8%)(Huang et al.,2019)。

区分正常的焦虑和病理性焦虑

焦虑是人与生俱来的一种本能情绪,本身并没有任何问题,实际上它还是我们生活中非常重要的一种情绪。作为一种指向未来的情绪,它是对潜在威胁的不可控的感觉而做出的情感反应,如儿童时期与父母分离、求学时代面临考试、求职生涯中的一次演讲……这些突如其来的事情,都有可能使人产生担忧、害怕、尴尬、惊恐等情绪。

焦虑情绪是一种"古老、天生的警报系统",保护个体免受伤害,也为人类的日常生活提供了动机的来源,适度的焦虑有助于问题的解决。很多人都有同感,如果没有最后期限(deadline)的话,很多工作可能会永远躺在电脑里。心理学家研究表明:焦虑水平和任务完成之间呈倒 U 形曲线,适度的焦虑可以提高反应速度和警觉性,帮助我们更有效地应对突发事件,提升工作和学习的效率。

而病理性焦虑是在无充分现实依据下仍然持续体验到紧张不安,感到即将会遇到威胁或大难临头(灾难化思维),还常伴有明显的躯体焦虑症状(心慌、出汗、胸闷、肌肉紧张等)。焦虑障碍就是一种病理性焦虑,常常导致个体无法集中注意力,对于工作学习有心无力。如刚翻开书,就开始担心起来"学不会怎么办"

"考砸了怎么办""失败了怎么办",越着急越担心,就越没法专心下去,也越胡思乱想,越为自己感到着急。正常焦虑和过度焦虑的区别见表4-2。

表 4-2　正常焦虑和过度焦虑的区别

焦虑程度	正常焦虑	过度焦虑/病理性焦虑
工作效率	不影响工作效率	无法集中注意力,工作效率下降
社会功能	不影响日常生活	失眠、早醒、疲惫、烦躁、记忆力减退
时间长短	压力结束后焦虑迅速消失	长期对各种各样的事情均过度担忧

焦虑障碍的分类和典型症状

焦虑障碍是一组精神障碍的总称,包括广泛性焦虑障碍、惊恐障碍、恐怖性焦虑障碍等不同类型。各种不同的焦虑障碍,都以过度的害怕和焦虑为主要临床特征,但也有一些不同。

广泛性焦虑障碍是一种慢性焦虑障碍,患者会因为生活中各种不同的原因(很多在别人看来都是"琐事")而感到无法控制的、时轻时重的担忧。

惊恐障碍是一种急性焦虑障碍,以惊恐发作为主要特点。惊恐发作是指突然发作的、不可预测的、强烈的惊恐体验,常常伴有濒死感(感到自己要死了)或失控感(感到自己要疯了);发作时还常常伴有强烈的心脏和神经系统症状,比如心慌、大汗、呼吸困难等。

恐怖症是指焦虑指向明确的客观对象或特定情境,比如社交恐怖障碍(在社交场景中感到恐怖)、广场恐怖症(在难以逃离或难以获得帮助的情境中感到恐惧)、特定恐怖障碍(比如"晕血""恐高"等)。

总的来说,不管属于哪一种焦虑障碍,都具有以下典型症状:

1.躯体表现。躯体上的不适通常是焦虑症的早期症状,如心慌,胸闷,气短,心前区不适或疼痛,心跳加快,全身疲乏,生活和工作能力下降,简单的日常工作变得困难不堪、无法胜任等。

2.精神运动性不安。常表现为心神不定、坐卧不安、搓手顿足、注意力无法集中、惊慌失措等。

3.病理性焦虑情绪。发作性或持续性地出现莫名其妙的害怕、紧张、焦虑、恐惧不安等心理,同时还可能伴有忧郁症状,对目前、未来生活缺乏信心和乐趣。有时情绪激动,失去平衡,经常无故地发怒,与人争吵。

焦虑障碍学生的早期识别

焦虑情绪很常见,但焦虑障碍的痛苦很难述说。对于导师而言,了解研究生焦虑相关的知识,并能够尽早识别学生的焦虑障碍,对于帮助学生而言非常重要。

在研究生焦虑障碍中,发病率最高的是社交焦虑(社交恐怖障碍)和广泛性焦虑。

社交焦虑是指在社交场景下产生的强烈的焦虑感和痛苦,可以表现为:

· 变得封闭,几乎不和陌生人说话,也不愿认识新同学,隔绝日常的人际交往。

· 在当众回答问题、公开场合做报告时,不敢发言,产生很多回避行为。

· 常常感到心慌、气急和胸痛,可能还有出冷汗、晕厥、恶心等现象。

· 由于社会性别角色的影响,患有社交焦虑的女生比男生要多。

广泛性焦虑障碍常表现为:

· 对生活中的很多事情都有过度的担忧,不管是对于学业、未来,还是对人际关系、身体健康。

· 反复思考自己表现得是否足够好、有没有犯错误、别人会不会责怪。

· 难以集中精力,注意力分散,无法正常学习和工作。

· 身体处于一种紧绷的难以放松的状态,会有肌肉酸痛、肩背疼痛等与疲劳有关的躯体不适。

· 难以入睡,看起来精神疲倦,虚弱无力。

简单测验:你的焦虑正常吗?

当你焦虑的时候,可以拿出笔记本,详细记下引起你焦虑的事件,比如,"明天考试会挂科",然后问自己以下几个问题:

这个焦虑/担心是现实的吗?

这个问题可以解决吗?

这个焦虑激励我采取行动吗?

有可行的解决方案了吗?

我行动了吗?

如果这些问题的答案全是否定的,那么要警惕病理性焦虑的可能性。你可能体验到过度的紧张、焦虑和压力,请及时寻求专业帮助。

如何与焦虑障碍学生相处

1.鼓励学生"先完成,再完美"。焦虑障碍者常常担心自己什么都做不好,不能做得完美,因此,拖延常常是他们应对焦虑的方式。如写论文时总有挥之不去的"我会不会写得不够好""我会不会来不及完成"等对未知结果的担忧,这时,拖延就是一种常见的逃避焦虑感的策略。在这种情况下,导师不如鼓励他可以先"完成",再去逐步"完美",完善是一步步发生的,可以从迈出的一小步开始。

2.理解学生的主观痛苦而不是责备他。这一点很重要,同时也很困难。当导师对学生的表现感到愤怒时,不要归咎于学生的性格,否则只会让他们本来就不稳定的自尊再次受到打击。比如,当学生因社交焦虑而迟迟不能完成报告时,你可以说"我非常希望你能顺利完成此次报告,但我知道这也许是因为你的焦虑,如果那个场景真的让你很不舒服的话,那没关系,我可以理解你。"而不是直接指责对方:"你这样做让我感到非常失望。"

引导学生关注可以控制的事情

焦虑更多来源于失控感,如果能做一些可以控制的事情,焦虑感自然就会减少了。比如,当学生面临一个比较长期、难度较大的任务时,更容易体验到失控感,因而焦虑情绪也会增强。导师可以引导学生制订计划、拆解目标,明确达到每个大目标和小目标时的衡量指标、截止日期、通过什么方式达到目标等。将大目标拆成小目标,可以使目标更明确,更可执行,让整个任务感觉更可控,从而缓解焦虑。

小步子增加学生的耐受度

对于焦虑障碍的学生,持续地过度保护对他们并没有什么好处,可以适当小步子地增加他们对焦虑情境的耐受程度,来消除恐惧情绪。假如学生害怕在组会上作报告,不安排报告任务的确会减轻他的焦虑,但偶尔让他适当暴露在自己害怕的情境中,比如更小范围内的当众发言,会帮助他们更好地恢复正常生活;但是如果实在做不到,也不要勉强。

DSM-5 中焦虑障碍的诊断标准(简约版)

一、广泛性焦虑障碍

A. 在至少 6 个月的多数日子里,对于诸多事件或活动(例如,工作或学校表现),表现出过分的焦虑和担心(焦虑性期待)。

B. 个体难以控制这种担心。

C. 这种焦虑和担心与下列 6 种症状中至少 3 种有关(在过去 6 个月中,至少一些症状在多数日子里存在)。

1. 坐立不安,感到激动或紧张。

2. 容易疲倦。

3. 注意力难以集中或头脑一片空白。

4. 易怒。

5. 肌肉紧张。

6. 睡眠障碍(难以入睡或保持睡眠状态,或休息不充分、质量不满意的睡眠)。

D. 这种焦虑、担心或躯体症状引起有临床意义的痛苦，或导致社交、职业或其他重要功能方面的损害。

二、惊恐障碍

A. 反复出现不可预测的惊恐发作。一次惊恐发作是突然发生的强烈的害怕或强烈的不适感，并在几分钟内达到高峰，发作期间出现下列4 项及以上症状：

1. 心悸、心慌或心跳加速。

2. 出汗。

3. 震颤或发抖。

4. 气短或窒息感。

5. 哽噎感。

6. 胸痛或胸部不适。

7. 恶心或腹部不适。

8. 感到头昏、脚步不稳、头重脚轻或昏厥。

9. 发冷或发热感。

10. 感觉异常（麻木或针刺感）。

11. 现实解体（感觉不真实）或人格解体（感觉脱离了自己）。

12. 害怕失去控制或"发疯"。

13. 濒死感。

B. 至少在 1 次发作之后，出现下列症状中的 1～2 种，且持续 1 个月时间（或更长）：

1. 持续地担忧或担心再次惊恐发作或其结果（例如，失去控制、心脏病发作、"发疯"）。

2. 在与惊恐发作相关的行为方面出现显著的不良变化（例如，设计某些行为以回避惊恐发作，如回避锻炼或回避不熟悉的情况）。

焦虑自评量表(SAS)

焦虑自评量表(Self-rating Anxiety Scale,SAS)是一种分析患者主观症状的操作相当简便的工具,由 Zung 于 1971 年编制。它是一个含有20个题目、分为4级评分的自评量表,用于评估焦虑患者的主观感受,适用于具有焦虑症状的成年人。近年来,SAS 已普遍作为咨询门诊中了解焦虑症状的一种自评工具,具有良好的信效度。

1.适用范围:SAS 适用于具有焦虑症状的成年人。同时,它与抑郁自评量表(SDS)一样,具有较广泛的适用性。

2.指导语:焦虑是一种比较普遍的精神体验,长期存在焦虑体验的人容易发展为焦虑症。本表包含 20 个题目,分为 4 级评分,请你仔细阅读每一条,把意思弄明白,然后根据你最近一星期的实际感觉,如实回答。

A:没有或很少时间;

B:少部分时间;

C:相当多时间;

D:绝大部分或全部时间。

3.量表题目见表 4-3。

表 4-3　焦虑自评量表

题　　目	没有或很少时间	少部分时间	相当多时间	绝大部分时间
1.我觉得比平时容易紧张和着急。	A	B	C	D
2.我无缘无故地感到害怕。	A	B	C	D
3.我容易心里烦乱或觉得惊恐。	A	B	C	D
4.我觉得我可能将要发疯。	A	B	C	D

续表

题　　目	没有或很少时间	少部分时间	相当多时间	绝大部分时间
5.我觉得一切都很好,也不会发生什么不幸。	A	B	C	D
6.我手脚发抖打颤。	A	B	C	D
7.我因为头痛、头颈痛和背痛而苦恼。	A	B	C	D
8.我感觉容易衰弱和疲乏。	A	B	C	D
9.我觉得心平气和,并且容易安静坐着。	A	B	C	D
10.我觉得心跳得很快。	A	B	C	D
11.我因为一阵阵头晕而苦恼。	A	B	C	D
12.我有晕倒发作,或觉得要晕倒似的。	A	B	C	D
13.我呼气吸气都感到很容易。	A	B	C	D
14.我的手脚麻木和刺痛。	A	B	C	D
15.我因为胃痛和消化不良而苦恼。	A	B	C	D
16.我常常要小便。	A	B	C	D
17.我的手常常是干燥、温暖的。	A	B	C	D
18.我脸红发热。	A	B	C	D
19.我容易入睡,并且一夜睡得很好。	A	B	C	D
20.我做噩梦。	A	B	C	D

4.选项分值:

正向计分:A=1,B=2,C=3,D=4;

反向计分:A=4,B=3,C=2,D=1。

反向计分题目:5,9,13,17,19(共5题为反向计分)。

5.结果分析:

将20个题目的得分相加,即得粗分。粗分乘以1.25后取整数部分,就得到标准分。标准分正常上限参考值为59分。标准分45~59分为轻度焦虑,60~72分为中度焦虑,73分及以上为重度焦虑。

6.注意事项：

在自评者评定之前，要把整个量表的填写方法及每个问题的含义都弄明白，然后作出独立的、不受任何人影响的自我评定。评定的时间范围，应强调是"现在或过去一周"。在评定结束时，工作人员应仔细地检查一下自评结果，应提醒自评者不要漏评某一题，也不要在同一个问题里打两个勾（即不要重复评定）。SAS应在开始治疗前由自评者评定一次，然后至少应在治疗后（或研究结束时）再自评一次，以便通过SAS总分变化来分析症状的变化情况。

四、强迫障碍

小华是研三学生，最近心神不定，总觉得手上不干净，忍不住来来回回、反反复复地洗手，有时候一天要洗上百次。他理性上也觉得没有必要，但心里又控制不住，越想忍住越忍不住，手都已经被搓破皮，还是忍不住继续洗，感到异常痛苦。他内心觉得自己不对劲，想向导师或者心理老师求助，但又怕被别人看成是个"怪人"，迟迟开不了口。

什么是强迫障碍

强迫障碍也称强迫症，是以强迫观念、强迫冲动或强迫行为为主要表现的一种神经症。其特点为有意识的自我强迫和反强迫并存，两者强烈的冲突使患者感到焦虑和痛苦；患者体验到观念或冲动来源于自我，但违反自己意愿，虽极力抵抗，却无法控制；患者意识到强迫症状的异常性但又无法摆脱。两者强烈的冲突使其感到巨大的焦虑和痛苦，影响学习工作、人际交往甚至生活起居（沈渔邨，2018）。

根据中华医学会精神医学分会发布的《中国强迫症防治指南》，世界范围内强迫症的终生患病率为 0.8%～3.0%,国内报告的终生患病率为 0.26%～0.32%(何燕玲,2017)。这个比例与抑郁症、焦虑症等精神疾病相比并不算大,但它起病隐秘、较难治疗、容易复发的特点会同样给患者生活带来很大的影响。

强迫倾向与强迫障碍

"强迫倾向"与"强迫障碍"并不是同一个概念。在不影响正常学习、工作、社交的情况下,有一些轻微的强迫症状并不算是病态,只是一种思维或行为的倾向。

一般可以从以下两个方面区分"强迫倾向"和"强迫障碍"。

1.强迫程度。强迫障碍患者的强迫程度会更加严重,持续时间也更长。比如,在桌上有一堆学习资料,这些资料是需要随手查阅的,按理应该怎么方便就怎么放,但对于强迫障碍患者来说,不管有多麻烦,每次必须把资料整整齐齐地堆叠,一定要按照某种规律放好,不然就觉得别扭、沮丧,甚至愤怒。

而具有强迫倾向的人看到桌面混乱,也会着手收拾整齐,但不会有特别大的情绪,即"强迫倾向"是个体主动为之,而"强迫障碍"则是个体明知不必要却仍控制不住地为之。

2.痛苦程度。强迫障碍患者常常是能够意识到自己有问题的,在强迫观念或强迫行为中会伴随着强烈的反抗。也就是说,他们知道自己是被迫的,但反抗不了,所以会导致自己无奈、自卑、愤怒,格外的痛苦。比如,与别人握手后,会不以意志为转移地觉得自己的手被弄脏了,于是很担心并努力抵抗"手很脏"这种思想,但自己无法控制,只好去洗手。而洗干净后,心里还是不舒服,依然觉得手很脏,还会不停地反复洗手以缓解焦虑。

如果洗干净后心里觉得舒服了,这最多只属于强迫倾向。这也是强迫倾向和强迫障碍的最大区别所在,前者的强迫在正常的可控范围之内,而且不会感到痛苦,反而可能会有一种满足感。

强迫障碍的分类与典型症状

强迫症分为强迫观念和强迫行为两种,一般来说,患者两者皆有之,表现为不必要的思维和行为持续性地侵入。

强迫观念是以刻板形式反复进入患者意识领域的思想、表象或意向,这些思想、表象或意向对患者来说是没有现实意义的,不必要的或多余的;患者意识到这些都是他自己的思想,很想摆脱,但又无能为力,因而感到十分苦恼,常见的如强迫联想、回忆或疑虑等顽固地反复出现,难以控制。

强迫行为是反复出现的刻板行为或仪式动作,是患者屈从于强迫观念,力求减轻内心焦虑的结果。常见的强迫行为有反复洗涤、检查、确认、计数、仪式动作等。

强迫障碍的早期识别

青少年和成年早期是强迫障碍的发病高峰期,除了包括遗传、家庭环境和自身的认知结构等在内的影响因素外,这个阶段的人生压力陡然上升也是一个重要的原因。

对于研究生来说,强迫思维或行为常常和寻求缓解压力、减少焦虑有必然的联系。当你发现学生在日常生活中有以下表现,并持续影响到正常学习生活时,可以建议他到精神专科医院进行咨询和治疗。

1.经常反复洗手,看起来超过正常需要,手上可见过度搓洗的痕迹。

2.毫无原因地一再重复相同的话语,且每次总是必须从头开始说起。

3.吃饭、走路等生活日常中都要遵循特殊的顺序和规则,一旦被破坏就必须从头再来。

4.经常没有必要地反复做某些事情,比如反复检查门窗、开关、文件、表格等,提醒之后仍然如此。

5.对自己做的大多数事情都要产生怀疑,认为细小差错就会带来灾难性后果,还常常担心自己患有某种疾病。

如何与强迫障碍学生相处

1.理解学生的痛苦,不要求他直接对抗症状。强迫障碍是一种精神疾病,强迫症状是不能通过自身的意志力来克服的,所以不能以正常人的心理去要求对待,更不要把强迫障碍学生看做怪人。比如学生在与导师交流时,可能出现的强迫思维是"我没有听清楚导师讲的话,我会出错,我会干不好工作",从而产生紧张、焦虑的情绪。为了缓解情绪以及避免出错,他可能出现反反复复询问导师的强迫行为,一再确认导师说话的意思。当学生出现强迫思维或动作行为时,要求或者命令他采取强行抵制的方法去对抗症状是错误的。

2.鼓励学生树立治疗的信心,不要急于求成。强迫障碍有一定顽固性,容易反复发作。强迫障碍的治疗也需要一个长期系统的过程,药物治疗和心理治疗都是这样。所以当强迫障碍学生对治疗缺乏信心时,导师要采取积极鼓励的态度,在治疗过程中的点滴进步,要给予肯定和鼓励,让学生树立治疗的信心,不要急于求成。

3.引导学生学会转移注意力。转移注意力是纠正强迫症状的一个很重要的方法,导师要积极鼓励强迫障碍学生丰富自己的生活,培养各种兴趣爱好。例如强迫障碍学生喜欢打篮球,当强迫症状发作时让他看电视篮球比赛,或者陪他出去打篮球,这样学生的强迫症状就会自然中断。

4.建议学生用伤害性更低的方式。对于依旧带有强迫症状的学生,导师可以建议他对身体损害情况进行相应的保护。例如,强迫洗手的学生如果暂时不能控制洗手的时长和强度,那就可以建议他尽可能用刺激性小的洗手液或者肥皂,并在洗手后使用护手霜或皮肤药膏。

DSM-5 中强迫障碍的诊断标准

A. 强迫观念或强迫行为，或者两者都具备。

强迫观念，即：

1. 重复，持续出现的想法、冲动或想象。患者体验到侵入性，对此感到讨厌，并遭受显著的焦虑及精神痛苦。

2. 个体试图忽略或压抑上述想法、冲动或想象，或试图用其他想法或行为加以抵消。

强迫行为，即：

1. 重复性行为（如洗手、摆放、检查）或精神活动（如祷告、计数、重复默念某些言语），患者自感受到驱使，出于对强迫观念的回应或遵守死板的规则而出项上述行为。

2. 上述行为旨在防御或者减轻焦虑，或预防某些可怕的情景或事件。然而，这些行为或精神活动并不能如预期那样起到减轻或抵消的效果，或明显过度。

B. 强迫观念及行为花费了大量时间（如＞1 小时/天），或导致具有临床意义的精神痛苦或功能损害。

C. 强迫症的症状不是因物质而产生的生理性效应（比如违禁品、药物等）或其他医学情况。

D. 强迫症带来的困扰不能更好地被其他的精神疾病解释（比如广泛性焦虑障碍里的过度担忧；躯体变形障碍里的对外表的全神贯注；囤积症里的取舍困难；拔毛癖里的揪头发；抓皮症里的揭疤；进食障碍里的进食仪式等）。

耶鲁-布朗强迫症状量表(Y-BOCS)

耶鲁-布朗强迫症状量表(Yale-Brown Obsessive Compulsive Scale, Y-BOCS)是美国 Goodman 等人根据 DSM-Ⅲ-R 诊断标准而制定的专门测定强迫症状严重程度的量表,是临床上使用的评定强迫症的主要量表之一。整个量表共 10 个题目,用于反映测试者的强迫思维和强迫行为。

耶鲁-布朗强迫症状量表

请阅读每一条陈述,判断与你经常性的感受或行为相符合的程度,不必对任何一条花太多的时间去考虑。

1. 一天之中,强迫性意念占据你多少时间?

A. 0 小时　分数:0

B. 0~1 小时　分数:1

C. 1~3 小时　分数:2

D. 3~8 小时　分数:3

E. 8 小时以上　分数:4

2. 强迫性意念,对你日常生活或工作的影响程度有多大?

A. 没有影响　分数:0

B. 轻微影响　分数:1

C. 中度影响　分数:2

D. 严重影响　分数:3

E. 完全无法工作/从事日常生活　分数:4

3. 强迫性意念发生时,你会花多少力气去抗拒它?

A. 尽全力抗拒　分数:0

B. 抗拒大部分强迫意念　分数:1

C. 抗拒部分强迫意念　分数:2

D. 会屈服,但不甘愿　分数:3

E. 心甘情愿不抗拒　分数:4

4. 强迫性意念发生时,对你造成多大的困扰?

A. 没有困扰　分数:0

B. 轻微　分数:1

C. 中度　分数:2

D. 严重　分数:3

E. 非常严重　分数:4

5. 你可以控制你的强迫性意念吗?

A. 完全可以　分数:0

B. 大部分可以　分数:1

C. 通常可以　分数:2

D. 很难控制　分数:3

E. 无法控制　分数:4

6. 一天之中,强迫行为占据你多少时间?

A. 0小时　分数:0

B. 0~1小时　分数:1

C. 1~3小时　分数:2

D. 3~8小时　分数:3

E. 8小时以上　分数:4

7. 强迫行为对你日常生活或工作的影响程度有多大?

A. 没有影响　分数:0

B. 轻微影响　分数:1

C. 中度影响　分数:2

D. 严重影响　分数:3

E. 完全无法工作/从事日常生活　分数:4

8. 强迫性意念发生时,你会花多少力气去抗拒它?

A. 尽全力抗拒　分数:0

B. 抗拒大部分强迫意念　分数:1

C. 抗拒部分强迫意念　分数:2

D. 会屈服,但不甘愿　分数:3

E. 心甘情愿不抗拒　分数:4

9. 当强迫行为发生时,对你造成多大的困扰?

A. 没有困扰　分数:0

B. 轻微　分数:1

C. 中度　分数:2

D. 严重　分数:3

E. 非常严重　分数:4

10. 你可以控制你的强迫行为吗?

A. 完全可以　分数:0

B. 大部分可以　分数:1

C. 通常可以　分数:2

D. 很难控制　分数:3

E. 无法控制　分数:4

量表说明：0～7分说明处于正常范围，8～15分说明可能具有轻微强迫症；16～23分说明可能有中度强迫症；24～31分说明可能有严重强迫症；32～40分说明可能有极严重强迫症，建议寻求专业医疗帮助。

五、精神分裂症

学校保卫处接到研究生王欣的报警电话，说有人正在通过电磁波对她进行性骚扰，她在图书馆很害怕。导师找她谈话，她告诉导师说三个多月前走在路上时就老感觉有人在跟踪自己，有时候路过一群人在大声说话，觉得他们中有人是故意想要引起自己的注意。这些情况跟同行的同学说，同学却说她多心了。今天看到学校里的信号塔，终于想明白可能是有人利用信号塔发射电磁波对自己进行性骚扰，于是打电话报警。

什么是精神分裂症

精神分裂症属于严重精神障碍，是精神科最复杂的疾病之一。患者在发作期间可能出现严重的精神症状，如严重的幻觉、妄想，以至于影响到行为，导致家人无法照料，或出现伤人、自伤、毁物的行为。

越来越多的研究与临床证据表明，精神分裂症是由一系列神经发育问题所导致的、一种存在生理基础的精神疾病，它影响着人们的思维、情绪、行为、语言及对自我的感知（sense of self），使人们的感知与真实世界逐渐割裂开来。

虽然从患病率（中国2013—2015年流行病学调查显示，精神分裂症的终生患病率为0.6%）来说，精神分裂症远不及焦虑、抑郁等高，但疾病慢性化可能严重损害患者的社交、家庭、工作能力，部分可能生活难以自理。

精神分裂症的典型症状

精神分裂症的临床表现错综复杂,主要表现为思维、情感、感觉与现实脱离,妄想和幻觉是精神分裂症的标志性症状。

妄想是精神分裂症的常见症状之一。患者坚信一些与他个人相关的、与现实不相符的想法,十分顽固,他人的解释、劝说等根本无法动摇。妄想的种类很多,包括关系妄想、被害妄想等。有些妄想的内容比较荒谬,容易被识别,而有些则具有一定可理解性,不易被周围的人识别。

幻觉也是精神分裂症的常见症状,是指没有客观刺激时患者的感官却感受到了。其中幻听最为常见,比如患者在周围没人时却听到有人说话。

其他症状还包括:

- 言语紊乱;

- 明显紊乱或紧张症的行为(如僵硬的动作或姿势);

- 情绪表达减少;

- 意志减退(没有兴趣参与到工作或社交活动中)等;

- 认知能力的下降;

- 无法集中注意力;

- 短时记忆出现问题(即刚学到的东西,转眼就忘)。

精神分裂症学生的早期识别

当学生短时间内频繁出现以下情况时,怀疑有精神分裂症的可能,需及时寻求专业帮助:

- 听见或看见一些别人看不见的东西;

- 跟人说自己被人监视,周围人却感知不到;

- 认为周围人说的话都是在含沙射影地议论他;

- 认为有人要谋害自己,包括跟踪、下毒等;

- 出现不恰当或怪异的行为、身体姿势;

· 交流时思维紊乱，胡言乱语，他人无法理解。

如何帮助精神分裂症学生

"三不"原则

特别注意的一点是，在与疑似出现幻觉、妄想症状的学生接触时，要坚持做到"不劝解、不争辩、不激惹"。

妄想内容通常具有一定的荒谬性或逻辑漏洞，会使得他人不自觉地想要告知或说服对方，甚至与其进行辩论。但病态的妄想症状并不会因所呈现的事实和证据而消除，反而可能使其变得更加对立和警觉。与有疑似妄想和幻觉症状的学生接触时，进行劝解、争辩，甚至使用所谓的激将法，都是极其不明智和极具风险性的行为策略。

"二要"原则

一要及时转介就医并遵医嘱。精神分裂症在首次发作的情况下如果坚持系统用药，绝大部分能获得理想疗效，并回到正常的生活轨道。因此，该疾病治疗的关键在于避免治疗延迟以及自行减药或停药。

二要注意识别自杀信号，防范自杀风险。据统计，有5％～6％的精神分裂症患者死于自杀，20％的人至少有过一次自杀企图，而有自杀想法的人的比例则更高（DSM-5，2013），特别是在严重幻觉、妄想的情况下，具有极高的自杀风险。

六、创伤后应激障碍

两个月前晓雨的母亲意外离世，而后晓雨出现心跳加速、出汗、做噩梦等反复体验创伤。目前，她仍然没有办法接受这件事情，她经常想起母亲生前的点点滴滴，常常梦到母亲，很多个晚上，她都是在痛苦流泪中度过的。她慢慢看不到自己的未来，白天什么事情都不想做，觉得生活没有意义。她觉得如果当初自己陪在母亲身边可能就不会发生意外了，为此她内疚不已。

什么是创伤后应激障碍

创伤后应激障碍(post traumatic stress disorder，PTSD)是指个体在经历强烈精神创伤性事件(如自然灾害、公共突发事件、意外事故、暴力侵袭、突然被剥夺自由、突然丧失亲人等)后出现的一种严重精神疾病。创伤后应激障碍在普通人群中的终生患病率高达4%，特殊高危人群患病率甚至能达到58%；此外，女性的患病率约为男性的2倍(沈渔邨，2018)。

创伤后应激障碍与非正常事件下的正常反应

人们在经历了一些创伤事件(如失去亲人、朋友或者目睹他人的伤亡等)之后，在身体和心理上会有一系列的反应，包括恐慌、忧虑、情绪低落、失眠、频繁做噩梦等，还往往会不由自主地产生对灾难情形的鲜明回忆，这种回忆也会导致生理上的应激反应，如出汗、心跳加速等。但在创伤事件发生1个月之后，他们会逐渐回归现实，接受创伤事件的发生，开始对未来的生活继续保持期待。以上反应都是人类正常的应激机能，可以看作是非正常事件下的正常反应。

但创伤后应激障碍(PTSD)不同，它是一种无法挥去的丧失感，很多症状会在一个月以后还持续出现，并且这些症状的严重程度会影响正常的生活和社会功能。而有的人，特别是救援人员的症状可能会出现延缓，也就是说，他们可能会在灾难发生六个月或更长一段时间之后才出现反应。

创伤后应激障碍的典型症状

无论是亲身经历或目睹，还是自己身边的亲密关系者遭遇重大变故，都有可能造成创伤后应激障碍的出现。一般来说，创伤后应激障碍不会在应激出现时就出现，而是出现在两周之后，且症状持续时间超过一个月。

创伤后应激障碍的三大主要临床表现为：

1.闯入性再体验。主要表现为患者的思维、记忆或梦中反复、不自主地涌现与创伤有关的情境或内容，也可出现严重的触景生情反应，甚至感觉创伤性事件好像再次发生一样。

2.回避和麻木。主要表现为患者长期或持续性地极力回避与创伤经历有关的事件或情境,拒绝参加有关活动,回避创伤发生地点或与创伤有关的人或事,有些患者甚至出现选择性遗忘,不能回忆起与创伤有关的事件的细节。

3.过度警觉。主要表现为警觉性增强、惊跳反应增强,可伴有注意力不集中、激惹性增高及焦虑情绪。

创伤后应激障碍学生的早期识别

如果你的学生日常出现以下表现,需要引起关注,警惕创伤后应激障碍:

- 自述在意识清醒的情况下,会在头脑中不断重现创伤性事件的场景。
- 一直难以入睡或者是睡得不深,会做与创伤事件相关的噩梦。
- 面对与创伤事件有关的事件、地点、人物等,容易触景生情。
- 警觉过度,易受惊吓,有"杯弓蛇影"之感。
- 常常容易激动和发怒,并会出现焦虑、抑郁等情绪。
- 避免参加引起回忆的活动或场景。
- 看起来遗忘了有关的事或人,或不停地学习、工作使自己处于忙碌状态。
- 对以前的爱好失去兴趣,逐渐疏远周围朋友,丧失未来憧憬等。

如何与创伤后应激障碍学生相处

如果学生经历或目睹了创伤性事件,且似乎一直沉浸其中,无法走出来,作为导师,可以选择的方法包括:

1.当一个倾听者。尽可能多地倾听。对于经历生死的学生来说,他们常常无法接受这件事情,可能因受到惊吓而用麻木来让自己隔离情感,也可能会因此而感到无比自责。这个时候,一定要尽可能倾听他,让他在这件事情中敢于表达,让情绪有一个出口。

2.当一个陪伴者。从创伤中复原的关键是周围人的陪伴。针对多种创伤的研究表明,来自社会的支持对于创伤后应激障碍乃至其他一些心理疾病的确是一种强有力的抵御方式。在经历高危高压的状态下,周围人的陪伴会在很大程度上缓解当事学生的应激反应。

3.当一个讨论者。有时候学生不愿意从那个事件里走出来是因为他们还没有接受这个事实,从理智上的接受到情感上的接受是需要一个过程的。因此,不妨与学生讨论他对逝者生前的印象、跟逝者的回忆和点滴,逐渐让他接纳逝者已逝的事实,完成接纳失去的仪式,再来讨论生命的价值和意义,鼓励他在情感上逐渐接受。

创伤后应激障碍自评量表

创伤后应激障碍自评量表(PTSD Checklist-Civilian Version, PCL-C)是判断个体是否患有创伤后应激障碍的常用工具,包括17个题目,由DSM-5中有关标准构成,每一题目评分为1～5分,总分值越高则创伤后应激障碍的可能性越大。

表4-4中的问题和症状是人们对一些紧张生活经历的反应。请仔细阅读,结合一个月内困扰您的程度,给自己打分。

表 4-4　创伤后应激障碍自评量表

题　目	一点也不	有一点	中度的	相当程度的	极度的
1. 过去的一段压力性事件的经历引起的反复发生令人不安的记忆、想法或形象?	1	2	3	4	5
2. 过去的一段压力性事件的经历引起的反复发生令人不安的梦境?	1	2	3	4	5

续表

题　目	一点也不	有一点	中度的	相当程度的	极度的
3. 过去的一段压力性事件的经历仿佛突然间又发生了，又感觉到了(好像您再次体验)?	1	2	3	4	5
4. 当有些事情让您想起过去的一段压力性事件的经历时，你会非常局促不安?	1	2	3	4	5
5. 当有些事情让您想起过去的一段压力性事件的经历时，有身体反应(比如心悸、呼吸困难、出汗)?	1	2	3	4	5
6. 避免想起或谈论过去的那段压力性事件经历或避免产生与之相关的感觉?	1	2	3	4	5
7. 避免那些能使您想起那段压力性事件经历的活动和局面?	1	2	3	4	5
8. 记不起压力性经历的重要内容?	1	2	3	4	5
9. 对您过去喜欢的活动失去兴趣?	1	2	3	4	5
10. 感觉与其他人疏远或脱离?	1	2	3	4	5
11. 感觉到感情麻木或不能对与您亲近的人有爱的感觉?	1	2	3	4	5
12. 感觉好像您的将来由于某种原因将被突然中断?	1	2	3	4	5
13. 入睡困难或易醒?	1	2	3	4	5
14. 易怒或怒气爆发?	1	2	3	4	5
15. 注意力很难集中?	1	2	3	4	5
16. 处于过度机警或警戒状态?	1	2	3	4	5
17. 感觉神经质或易受惊?	1	2	3	4	5

分数参考值范围为 38～47 分。17～37 分:无明显 PTSD 症状;38～49 分:有一定程度的 PTSD 症状;50～85 分:有较明显的 PTSD 症状,可能被诊断为 PTSD。

第二节　导师如何帮助精神障碍学生

导师不是心理工作专业人员,在面对精神障碍的学生时,往往无力去改变学生的症状,但是可以通过陪伴、接受和理解,以及给予一定的帮助,以减轻学生的内心痛苦。

一、减少学生的"病耻感"和精神障碍的"污名化"

生活中,我们普遍在内心深处更能原谅自己生理上的疾病,而心理上的疾病则不然。精神障碍学生往往有很强的"病耻感",觉得自己生病就是一种"耻辱",一种无法对外界言说的东西。再加上周围的人因缺乏科学认知而产生的对精神障碍的"污名化",更是容易带来偏见、歧视和排斥。这对精神障碍学生融入社交或康复治疗造成了巨大阻碍。

因此,导师自身首先应该增加对精神障碍的认识,避免对于精神障碍的恐惧与避讳,愿意坦然面对并大方谈论。同时,潜移默化地向周围学生输出科学的心理疾病知识,如:"心理并不完全可被自身调控,心理疾病的出现并不是我们自身的错误,它需要医生的治疗。""精神障碍是可以治疗的疾病,并且具有治愈的希望。"鼓励心理障碍学生直面问题,积极治疗。

二、建立基于师生信任的契约关系

精神障碍学生一般都比较敏感,在建立关系的时候,导师的真诚与理解极为重要。他们的内心又极其脆弱,在情绪崩溃的时候,非常需要别人的帮助和陪伴,导师和精神障碍学生建立心理契约,能很大程度上帮助到学生。

"心理契约"是美国著名组织心理学家 Argyris 教授提出的一个名词,大致意思是说,当一个人加入一个组织的时候,他对于需要付出什么,以及组织能够给予他什么是有一个预期的。用到导学关系中,心理契约指的是导师和学生一对一建立的心理层面的契约关系,导师可以在日常谈话中反复告诉精神障碍学生:当你觉得心里非常痛苦的时候,没有人可以倾诉的时候,请第一时间想到我,我非常愿意帮助你。只要学生能够在紧急时刻想到导师,那么这个心理契约就建立起来了。

三、鼓励学生寻求专业帮助

精神障碍是很难自愈的,科学系统的治疗对于精神障碍的康复非常重要。导师要支持和鼓励精神障碍学生主动寻求专业帮助,前往医院精神科和精神卫生中心就诊,遵医嘱服用抗精神病类药物,定期复诊。突然的停药是十分危险的行为,可能导致症状的恶化,导师可以协同家人、朋辈等鼓励学生遵循医嘱,监督学生按时按量服药,加强对学生服药状态的关心。同时可以建议学生辅以专业心理咨询,增加社会心理支持。

四、定期约谈学生表达关心和理解

定期约谈的目的是让学生知道有个人一直在关心他,这个定期可以是一周一次,也可以是一月一次,形式也不限于面对面,可以是通过网络。无论什么形式,目的都是让学生体验到:有一个人很关心我,在我需要的时候,他一直都会在。谈话中要避免盲目鼓励和高高在上的教育,不当的言语,对病情没有好处,反而增添痛苦。对于精神障碍学生,更需要的是被理解和支持,导师要做的是尽量共情他的处境。例如,不把抑郁障碍学生的问题归咎为"想太多"或者"矫情",而能理解他想好起来但是实在做不到的痛苦。

五、帮助学生加强社会支持资源

对于精神障碍学生而言,可依靠的人是最为重要的资源。除了自身,导师可以从以下两方面加强学生的社会支持。

首先是家长。我们一般认为，家庭和亲人是一个人最温暖的港湾和最有力的支持，但我们也会看到有些学生的心理障碍或者心理危机似乎和家庭氛围、父母教养方式或是亲子关系有关，因此导师在获取家庭支持资源方面顾虑重重。事实上，我们要确信，一个学生能顺利考取研究生，在学业上有所成就，这个家庭一定是有功能的，是能给予学生心理支持的。导师要积极挖掘家庭的正向资源，加强家校信息沟通，让家长更好地承担起支持和关爱学生的责任，家校合力共同帮助学生走出困境。

其次是朋辈。良好的朋辈支持关系对研究生的心理状态有着重要的积极作用。导师要增强研究团队成员间的凝聚力，帮助精神障碍学生建立健康的互助朋辈支持网络，提供心理开导、安慰和支持等具有心理辅导功能的帮助。同时，邀请其他学生共同关注精神障碍学生的日常动态，及时提供必要的现实帮助，有异常情况及时求助或报告，避免心理危机的发生。

人格障碍

人格障碍是一种持久的、渗透的、僵化的思维、情感和行为模式，影响个体正常的生活，并给身边的人带来不快。大多数人格障碍患者并不会主动求医，根据 DSM-5 的描述，人格障碍通常在成年以前就出现，一直稳定持续到成年期。CCMD-3 中人格障碍被定义为"人格特征显著偏离正常，使患者形成一贯的反应个人生活风格和人际关系的异常行为模式。"(钱铭怡，2006)。

黄雯(2020)在《危机管理心理学手册》一书中对人格障碍有很形象的比喻。她认为如果将人格比作一个计算机操作系统的话，这个操作系统主要运行两套程序：一套是解码程序，包括内在信念、态度和动机等；另一套是输出程序，也就是外显行为和人际策略等。当外界给我们

一个刺激,就相当于获得了一个信号,这时解码程序就要先来处理这个信号。如当我们觉得外界危机四伏、极度危险的时候,我们就开始启动"偏执模式",对信号严格审查以保证安全;当我们想要获得认可和尊重时,我们就启动"自恋模式",收集赞美;当我们想要追求极致的完美,就启动了"强迫模式",关注各种细节。这种模式就像是在解码程序中安装的各种小程序,有些是系统自带的(遗传、原生家庭等),有些是后来安装的(社会学习、经历等)。每个人在选择启动模式时虽都带有一些倾向性,但往往可以根据现实情境灵活使用。但是,人格障碍患者无论接收到怎样的信号,只会僵化地使用一套模式来解码,并根据解码结果来启动相应的行为策略。

表 4-5 中汇总了部分人格障碍内在的信念或态度、外显的行为或人际策略、相关积极特质(黄雯,2020)。

表 4-5　人格障碍相关解码程序、输出程序、积极特质

分类	操作系统	解码程序 (信念或态度)	输出程序 (行为或人际策略)	积极特质
A 类	偏执型	人们是危险的	警惕、提防、反击	机警、求生欲强、坚持
B 类	反社会型	人们应该被利用	攻击、掠夺、操控	无畏、有行动力
	边缘型	我不能控制我自己	征服、抗议、惩罚、自毁	极致、敏锐、不顾一切
	表演型	我需要给他人留下印象	戏剧性	生动、有感染力、精力旺盛
	自恋型	我是特殊的	放大自我、贬低、竞争	自信

续表

分类	操作系统	解码程序 (信念或态度)	输出程序 (行为或人际策略)	积极特质
C类	回避型	我可能受到伤害	回避	敏感、安静、专注
	依赖型	我是无助的	依附	忠诚、陪伴者
	强迫型	我不能犯错	力求完美、严苛、控制	负责、可靠、关注细节

跟以上人群的相处法则为：

1. 偏执型人格障碍：他们会觉得"人们是非常危险的，没有人值得信任"，你会发现他是警惕的、提防的，话语间常常夹枪带棒，跟他们相处往往需要多一点耐心、多给予一点安全感、多保持稳定的态度。

2. 反社会型人格障碍：他们会觉得"人们就应该互相利用"，你会发现他总是攻击他人，也喜欢操控，对世界充满不满，跟他们相处时需要保护好自己，建立边界，知道哪些情况下是安全的，哪些情况下会被攻击，从而保持恰当的交际。

3. 边缘型人格障碍：他们会觉得"我是不能控制我自己的，世界是不稳定的，自我是不稳定的，情绪是不稳定的"，对他们来说"不稳定"是最明显的特点，他们常常会伤害自己，情绪波动很大，对自我的概念也常常受到影响，一下子觉得自己好，一下子又觉得自己糟糕透顶，跟他们相处时，也需要保持稳定的态度，建立合适的边界，适当情况下要保护好自己，意识到这些波澜是他们的"不稳定"造成的。

4. 表演型、自恋型、回避型、依赖型、强迫型人格障碍：跟他们相处时要接受并尊重人格的多样性和复杂性；不试图去"拯救"或改变其稳定的人格；认可他们人格中的积极特质，强化优势使用；不以指责、质问作为开场白；站在利益共同体的位置谈论现实问题；避免标签化、诊断化言论，保护他们的隐私；对自毁与攻击行为风险保持敏感性，并做好准备。

第五章

研究生心理危机与
自杀干预

第一节　心理危机与自杀

一、心理危机

心理危机的定义

1954 年，美国心理学家 Caplan 首次提出心理危机的概念并进行界定。他认为当一个人面临困难情境（problematical situation）时，而他先前处理问题的方式及其惯常的支持系统不足以应对眼前的处境，即他必须面对的困难情境超过了他的处理能力时，这个人就会产生暂时的心理困扰（psychological distress），这种暂时性的心理失衡状态就是心理危机（Caplan，1964；龙迪，1998）。

中国心理学会临床心理学注册工作委员会将高校学生心理危机定义为高校学生在校期间，身心健康平衡被打破，学生的思维、情绪情感、行为功能严重失调，感觉到强烈痛苦，无法适应学校学习、生活，表现为出现自我伤害或是伤害他人的想法、计划、实施冲动或是严重身心疾病急性发作等情况（中国心理学会临床心理学注册工作委员会,2021)。

研究生心理危机的特点

不同学者对危机的定义不同,我们认为,研究生心理危机主要有以下特点:

1.学生遇到突如其来的困难事件或情境,以现有的资源和应对机制无法处理。

2.学生出现严重心理失调,内心冲突激烈,甚至面临心理崩溃或精神失常。

3.学生处于临时的、不平衡、不稳定且伴随混乱和无序的状态,可能出现自伤或伤人的情况。

4.当心理危机出现时,学生本人可能察觉,也可能察觉不到。

研究生心理危机往往是多种因素共同作用的结果,当遭遇突发事件时,这些交互因素就会发生作用,从而诱发心理危机。研究生自身心理发展还不完全成熟,当各种矛盾与冲突、选择与机遇、个人情感与职业发展等同时摆在面前时,容易导致积极与消极、自负与自卑并存的矛盾。如果不能得到及时、有效的干预,就可能引发严重的心理危机,甚至导致悲剧性后果。

心理危机的四个阶段

Caplan(1964)认为,处于心理危机的个体可能会经历四个阶段。

阶段一:当一个人感受到自己的生活突然发生或即将发生变化时,他内心的基本平衡会被打破,开始体验到痛苦和紧张。为达到新的平衡,他用以前惯用的策略作出反应。

阶段二:经过尝试和努力,他发现自身常用的办法未能奏效,焦虑程度开始增加。为找到新的解决办法,开始尝试错误的办法解决问题。

阶段三:如果经过尝试未能有效解决问题,当事人的紧张程度持续增加,并不顾一切,想方设法地寻求新办法,甚至是异乎寻常的无效行动宣泄紧张情绪。这些行动不仅不能有效解决问题,反而会损害当事人的身体健康,增加紧张程度和挫败感,降低自我评价。

阶段四:若在前三个阶段未能有效解决问题,当事人很容易产生习得性无助。他会对自己失去信心和希望,甚至对自己整个生命意义产生怀疑和动摇。很多人在这个阶段企图自杀,希望以死摆脱困境和痛苦。有些当事人会产生精神分裂和人格解体。

从以上可见,从当事人多次尝试解决问题无果,经受不住心理压力,到希望以自杀摆脱困境和痛苦,经历了四个阶段。在心理危机的发生阶段进行精准识别,对当事人进行及时有效的干预是非常重要和必要的。对于研究生导师来说,了解心理危机识别及相关干预技术,有助于在学生心理危机发生时,准确把握学生的心理危机状态,帮助学生通过外源性的支持(包括导师本人以及周围的朋友、家人和心理专业人员)渡过危机。

"危"与"机"的辩证关系

在大多数情况下,人们会将心理危机理解为一种危险,因为它可使个体处于异常状态,严重时还会危及自身和他人的生命。但从另一个角度看,心理危机也可以是一种机遇,因为由之产生的痛苦会迫使个体积极寻求帮助。因此,危机也是成长的契机,如果抓住了这个机遇,就能使个体在危机中获得成长,达到自我完善。在理想情况下,许多个体能自主而且有效地应对危机,并从经历中获得力量。他们采取积极的态度去改变和成长,经历过危机后变得更强大和更富有同情心。

二、自杀

自杀的现状

世界卫生组织在《2019 年全球自杀状况》中估计,自杀仍然是全世界的主要死因之一,2019 年,有 70 多万人死于自杀,即每 100 例死亡中有 1 例是自杀。在 15～29 岁的青年人中,自杀是继道路伤害、结核病和人际暴力之后的第四大死因。此外,有研究发现,近年我国大学生非正常死亡中,自杀死亡占非正常死亡的 47.2%（杨振斌等，2015）；同时，研究生的非正常死亡和自杀率均超过本科生（陆卓林等，2019）。从大学生自杀意念报告率、自杀未遂报告率、心理危机发生率以及青少年心理发展特点来看，研究生自杀预防工作形势更为严峻（吴才智等，2018）。

自杀立方体模型

"自杀立方体模型"是美国心理学家施耐德曼（Sheidman，1987）提出的颇具影响力的理论，被称为通向自杀倾向者内心本质的窗口。施耐德曼提出自杀源自三种心理力量的交互作用，即压力（press）、烦乱（perturbations）、心理痛苦（psychache），如图 5-1 所示。

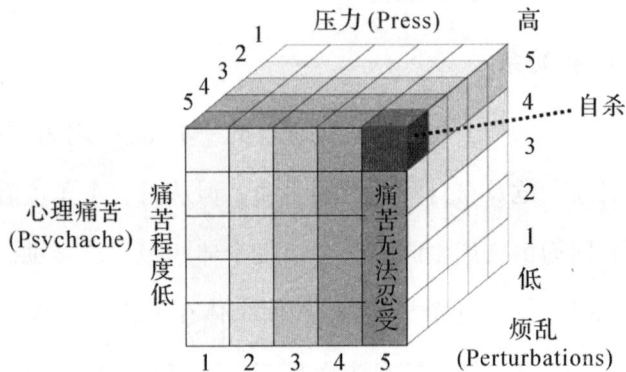

图 5-1　施耐德曼自杀立方体模型（Sheidman，1987）

压力是由众多消极因素的累积导致的，消极因素越多，压力就越大；烦乱指的是一种情绪上的烦扰、不安，想要做些什么的冲动；心理痛苦指精神上的伤害、痛苦、悲伤和酸楚。

三个概念在模型中分别位于 3 个坐标轴上，其强度从低（1）到最高（5）。在该模型中，施耐德曼主张所有的自杀行为都发生在压力、烦乱和心理痛苦同时达到最高点时。相反，任何干预只要能有效地治疗 3 个轴中的任何一个，就有可能将高风险的患者转移到风险较低的心理位置。

自杀的分类

有研究者把自杀和自杀致死的行为按目的或动机分为真性自杀和工具性自杀(杜睿等,2015)。

真性自杀的动机清晰,旨在求死。可能存在精神障碍、人格障碍或较严重的应激压力,其致死性较高,抢救机会少,死亡率高。对该类自杀应将重点放在防止自杀和疾病的治疗上。如遇到有精神分裂症病史的学生出现自杀倾向,应第一时间进行转介或及时送医。

工具性自杀的求死意愿不明或不坚决,有借自杀来解决问题的倾向,因其具有一定的工具性而得名。这类自杀几乎没有精神障碍,致死性较低,抢救机会较多,死亡率稍低。因此,应将工作重点放在解决问题上,从根本上制止自杀意愿的产生。

自杀与自伤

自我伤害是一种复杂且危险的心理病理行为,其行为表现及功能呈现出多样性,是指在没有明确自杀意图的情况下,个体故意、重复地以不同方式改变或伤害自己的身体组织,如割伤、划伤、烧伤身体部位,以头撞墙等,具体伤害形式可能超过十几种。当前学术界认同自伤与自杀是本质不同的行为,两者的行为动机存在差异,自杀者意在求死,而自伤者意在求生。自伤行为虽不直接致死,但仍极具危险性。

第二节　研究生心理危机与自杀干预

如果有人真的想死,能够预防自杀吗?我们不得不承认,并不是所有的自杀都可以预防,但是,如果在自杀倾向者身边的人可以准确识别自杀危险因素和警告信号,及时提供所需的支持和帮助,那么,就能有效减少自杀的发生。

预防自杀是比干预自杀更为重要的环节,而自杀预防的关键在于识别自杀风险因素和自杀危机信号。

一、研究生自杀的风险因素

研究生自杀的风险因素可分为三个方面:精神障碍、性格偏差、应激事件和历史因素。据此可以大致筛选出自杀高风险人群,表明这一群体的自杀风险较高,需要高度关注。

精神障碍

国内外关于自杀原因的各项研究都证实,精神障碍是导致个体自杀的主要原因。吴才智等(2018)对相关文献进行系统性的回顾发现,在欧洲和美国,大约90%的自杀死亡者都存在一个或多个精神障碍因素;国内某高校科研人员研究后发现,罹患精神或心理障碍的学生是自杀高危人群,并且研究生的自杀率最高,其次是本科生,专科生相对较低(陆卓林等,2019);另有专家调查发现,自杀死亡大学生中精神障碍者合计为 69.5%(江光荣等,2016)。自杀者中最常见的精神障碍是抑郁症,除抑郁症外,精神分裂症、惊恐障碍、物质滥用、双相情感障碍、边缘人格障碍患者也具有较高的自杀风险。

精神障碍会增加研究生自杀的风险。《中国国民心理健康发展报告(2019—2020)》显示,研究生的心理健康状况并不乐观,研究发现,35.5%的研究生有一定程度的抑郁表现,60.1%的研究生存在焦虑问题。相比于人际交往、学业困难等外显的行为问题,严重的精神障碍较为隐匿又往往来势凶猛,在当前导师、研究生心理健康意识仍较为薄弱的情况下,这一因素容易被人忽视(马建青等,2014)。

性格偏差

性格偏差在心理学上通常叫作人格问题。吴才智等(2018)的研究概括了大多数高校自杀学生三种突出的人格问题。

1.抑郁性人格偏差,其特点是自卑、内向、自限、敏感。这类性格特点的研究生自我评价低,认为自己一无是处;封闭自己,从不跟人吐露心事;兴趣少而狭隘,整天生活在个人时间空间里,咀嚼自己的痛苦,不关心身外事。这是在自杀研究生中最为常见的性格偏差类型。

2.自恋性人格偏差,其特点是过分追求完美,事事要强,不能跟人建立亲密的情感联系,没有知心朋友。这类研究生往往表现好,各方面显得很优秀:懂事、上进、学习好、朋辈关系表面上也不错,但他们长年生活在自己的高标准和压力下,没有欢乐和放松,只有一个接一个地需要实现的目标和压力。

3.冲动性人格偏差,其特点是依赖、任性、冲动。这类人格问题在专业上叫作"边缘性人格障碍",特点是心情波动特别大,经常出现情绪和行为失控,非常需要跟人建立亲密的关系,并在关系中表现得特别纠结,特别容易冲动。

应激事件

应激事件是指研究生面对的负性生活事件,是自杀的风险因素之一。有研究显示,89%的自杀大学生(含研究生)在之前一年内至少遭遇过一个应激事件;排在前五位的应激事件分别是学业受挫(44%)、爱情受挫(38%)、严重家庭冲突(19%)、身体疾病(12%)、人际冲突或关系恶化(10%)(吴才智等,2018)。应激事件可以是突发的,比如失恋、亲人离世,也可以是长期持续的压力,比如科研压力、身体疾病、经济困难或学业困难。

历史因素

历史因素包括曾经有自杀尝试(自杀未遂)史和自残行为史,童年被虐待/创伤史等"历史遗留问题",以及亲人或熟悉的人曾有过自杀行为。有调查显示自杀未遂者精神疾病的患病率为85.1%,精神疾病均能间接影响自杀风险(董佳妮等,2020)。另有研究证实,童年创伤是自杀风险最重要的预测因素,可将个体自杀风险提高至2~5倍(Dube et al.,2001)。除此之外,自杀现象有"传染"效应,往往会影响其最亲近的人。赵久波等(2013)研究发现,具有近亲自杀死亡史或熟人自杀死亡史的个体,其自杀风险总分也显著高于无自杀死亡接触史的大学生。Phillips 等(2002)研究发现,55%的中国自杀死亡者中,其亲戚、朋友或熟人有过自杀行为。因此,这些历史因素都会增加自杀的风险。

以上四个方面是研究生的自杀风险因素,暴露的危险因素越多,其自杀的危险性就越高,就越需要在日常学习生活中给予高度关注和有效支持。

二、研究生自杀的危机信号

自杀的危机信号表明有自杀的直接风险,很可能自杀危机已经开始,需要马上采取干预措施。有自杀准备或计划的研究生在自杀实施前往往有迹可循,呈现出自杀危机的早期迹象,这些信号和征兆也可以被看作是他们释放的"求助信号",需要高度重视并及时采取有效行动。

· 含有"告别"意味的行为表现,如突然郑重地与人道谢、道歉或道别,将平日里非常珍爱的东西赠送他人,一一归还所借物品,和家人朋友疏远等。

· 谈论与自杀有关的事,(开玩笑似的)提及自己的自杀计划,包括自杀方法、日期和地点等。

· 多次流露强烈的负面情绪,如频繁提及绝望、焦虑、抑郁、失控感等,或是经常表达愤怒、内疚、孤独、悲伤、无助等情绪体验。

· 对生活的无意义感、自我的无价值感等的直接或间接表达(包括在网络社交平台上),如"活着太累了,感觉自己是家人的累赘,不想再坚持了""不知道活着是为了什么,整天行尸走肉般生活,没有任何意义"等。

三、关于自杀的误解

误解 1. 自杀行为离我们很远,只发生在精神障碍患者身上。

虽然有很多调查研究证明精神障碍与自杀风险有最高的相关性,但是它们之间并不是必然的因果关系。不是所有自杀的人都患有精神障碍。当一个人经历了较大的困难,感到极度痛苦,但又不知道如何改变这种情况的时候,自杀也会成为一种选择。如一些长期遭受躯体疾病困扰的人,一些正在承受社会环境压力的人(如遭受舆论压力、校园霸凌的人),都可能会因为类似困境而选择自杀。因此,学校的自杀预防工作不应仅仅着眼于精神障碍学生群体,而应该是面向更广泛的群体。

误解 2. 常常声称要自杀的人通常不会自杀。

常常声称要自杀的人会有多种不同的情况,但是最为稳妥也是最被广泛接受的方式便是将这种行为看作一种呼救。声称自杀的人可能会和身边的人进行严肃地谈话,也可能只是使用开玩笑的方式重复自杀的字眼。这种行为背后或许是对世界的留恋和对死亡的恐惧,或许是担心自己的离去会对身边的人造成伤害,需要跟他人探讨自杀来确认自己是否真的可有可无,或许他们也明白自己需要帮助,通过声称要自杀来试探是否有人可以提供支持。常常声称要自杀的人真的有可能自杀,特别是当小心翼翼组织出来的求救信息被彻底忽视,或被看作是哗众取宠时。因此,当有人告诉你他想自杀,不管以怎样轻描淡写的形式,请一定将这个信息认真对待。

误解 3. 与有自杀倾向的人交谈时不能直接讨论自杀问题。

在当今社会,自杀仍然是一个让人难以启齿的话题,有自杀行为或想法的人常常被认为是脆弱的、无能的、自私的,因此被责备、被歧视,而不是被帮助。社会大环境对于精神障碍和自杀行为的歧视,导致许多人不敢也不愿为此寻求他人的帮助。对于自杀的避而不谈,意味着很多有自杀想法的人把想法埋藏在自己心里而不去寻求帮助。能够公开讨论这一话题,是支持这一人群的第一步。有研究发现,有自杀倾向的学生讨论这个话题,可能让对方有被理解的感觉,这也是一种获取信任和评估当事人情绪状态的必要方法,可以成为进一步阻止自杀挽救当事人的切入点。

误解 4. 如果一个人已经下决心要自杀,他人通常无法制止。

有关研究表明,自杀的人寻求的是结束他们的痛苦,而不是真的想死,求生是人的本能之一，所以不管自杀者在正式实施自杀前处在什么处境和阶段，通过讨论目前的困境和支持资源来干预自杀风险，都有很大可能被成功地挽救，目前也有很多成熟的危机干预手段，可以在个体想要自杀的时候得到有效安抚并阻止其自杀。因此，当身边的人出现自杀倾向时，请陪伴他，和他一起与自杀意念战斗，并及时邀请相关人员（如危机管理者、当事人的家属、心理治疗师、精神科医生）共同承担帮助他们的责任。

误解 5. 一个人经历了自杀未遂后挺过来了，其自杀风险也就没有了。

事实上，大多数自杀发生在"改善"开始后的三个月内。世界卫生组织认为，在一般人群中，自杀未遂既往史是自杀最重要的风险因素。对于自杀未遂的人来说，最危险的时刻之一就是在被救之后，过往的自杀尝试是预测未来自杀行为的一个重要因素。因此，哪怕自杀者被救之后，我们仍然要意识到，他还处于危险中，出现自杀、自伤行为的可能性会大大增加。

三、自杀风险的评估

一般来说，心理危机与自杀风险的评估工作专业性很强，一般需要由受过专业训练的人员才能胜任。但在与具有自杀风险的学生谈心谈话过程中，导师也可以通过有意识地、有目的地开展评估式访谈，大致了解学生是否具有自杀风险以及自杀风险的程度，为下一步有针对性地开展干预工作提供非常有价值的信息。

这样的评估式访谈适用于以下三种情况：

· 导师和学生之间具有良好的信任关系；
· 学生暂时不愿意直接面对除导师以外的人员；
· 不确定学生当前自杀风险的程度。

自杀风险等级

我们可以通过评估学生的自杀意念、自杀计划和自杀行为进行大致的自杀风险程度等级的评估(表5-1)。一般认为,自杀意念越强烈、自杀计划越具体、自杀手段越可行,自杀风险就越大。

表 5-1 自杀风险登记评估表

评估项目	低风险	中风险	高风险
自杀意念	极少、一过性的	多次、强烈、持续	多次、强烈且持续
自杀计划	无	模糊、不明确、不具体	明确且具体
自杀行为	无	无	准备工具、未遂和尝试经历、实施中

评估式访谈示例

示例 1. 评估自杀意念

"有时候人们在极度痛苦而找不到解决办法的时候,常常会产生想要活着都没有意思的想法,你曾经有过这种情况吗?"

"你最近遇到这么大的压力,经受这么大的痛苦,有没有产生过想要自杀的念头呢? 可能只是一闪而过的念头。"

"这种自杀念头会经常反复出现吗? 在自杀想法最强烈的那一天,大概出现了多少次?"

提醒:必须站在研究生看待问题的立场出发,以理解研究生的某些逻辑或信念的方式措辞,使问题不具有批评、歧视、责难或带有攻击性,让学生在回答敏感问题时,即使是肯定的回答,也不至于过分地自责或具有羞愧感。

示例 2. 评估自杀计划

"你刚才说有自杀的念头,那有没有具体的计划呢?"

"听起来你有了自杀的计划,为了实施计划,你有做哪些准备呢?"

"你打算如何实施这一计划? 比如在什么时间,什么地点,用什么方式?"

提醒:只有在涉及研究生有明确且强烈的自杀想法时才使用,用于确认是否有自杀计划以及具体的行为细节。可以用"何时、何地、有何感觉、发生什么事"等问题，帮助研究生更清楚、更具体地描述问题。

示例 3. 评估自杀行为

"你有多少次试图伤害自己？"

"你能描述一下你在最认真思考自杀的时候是什么想法呢？"

"最近一次有这种想法是什么时候呢？"

"你最严重的自伤或自杀未遂是什么时候？是如何实施的，如何终止的？"

提醒：若有自杀尝试（自杀未遂）者，需要高度重视。

说以下这些会有帮助：

"最近我注意到你跟平常好像有点不太一样，不知道你还好吗？"

"我想看看你怎么样，因为最近你有点不像你平常的表现。"

"发生了什么事让你有这样的感受？"

"现在我怎么才能最好地帮助你？"

"我也许不能完完全全地理解你现在的感受，但是我在意你，并且我想要帮助你。"

避免这么说：

"你没有自杀的想法，是吧？"

"你不会想不开吧？"

"你怎么会这么想呢？自杀是不负责任的，也是一种逃避。"

"一切都会好起来的，一定要有信心。"

"生命是有价值、有意义的，多想想好的方面，你会觉得值得活下去。"

注意：在评估完自杀意念、计划和行为之后，可以重点关注学生的保护性因素，以促发学生不会采取危险性行为，你可以这样问：

"是什么让你选择放弃了自杀？"

"你当时想到了自杀，但没有这样去做，是什么支撑住你了呢？"

四、心理危机与自杀干预

导师在研究生培养中处于主导地位,研究生在学习、生活中碰到的问题大多倾向于先找导师寻求帮助,这使导师能及时、准确地把握研究生心理动态,为有效介入研究生心理危机干预提供了重要的信息和时机。

不同自杀风险等级的干预方式

1. 高风险情况下的紧急处理

高风险的学生精神状态或者行为明显异常,有中、高度自伤或伤他风险,需要立即进行紧急处理,比如学生表现冲动、恍惚、失控、正在实施自杀,正处于迫在眉睫的危险中。

· 不要让他独自待着。在没有确保他会安全之前,不要给自己任何理由离开。可安排人员加强监护,在未交至家长(监护人)之前,应 24 小时进行行为的监护,可安排室友、课题组同学加强监护,保障研究生安全。

(在通常情况下,自杀行动不会在他人面前进行,在自杀行动过程中一旦被人发现,大多会中止,在没有受到叠加刺激的情况下,有很大的概率学生会放弃自杀行动。)

· 无论做什么,以"暂缓自杀行动"为目标。无论学生处于怎样的危险中(身处危险环境、身上有危险物品等),应当先使他远离当下的危险环境,或拿走可致命的物品。

· 找到机会立即报警、求助医疗机构或心理健康中心、上报学院或通知其他人求助,同时联系家长。

2. 中风险下的重点处理

中风险的学生表现为严重适应不良,不能正常学习和生活,且有模糊的自杀计划。

· 打破保密原则。在研究生同意的情况下，反馈学院领导、辅导员、家长，形成家校联动；安排实验室学生、学生干部等朋辈群体进行日常关注和帮扶。

· 及时进行评估。心理健康教育中心是学校心理工作专业机构，专职人员接受过系统教育和培训，可以对学生的心理危机程度进行评估，并据此提供专业建议。

· 劝导及时转介。劝导学生前往专业医疗机构及时进行诊断和治疗。

3. 低风险下的日常处理

低风险个体表现为适应不良，未见明显自伤、自杀和精神疾病风险。

· 日常关心关注。导师可通过真诚、尊重、共情的态度与研究生进行谈心谈话，并在学业指导、职业规划、人际交往等方面给予更多关爱和帮助。

· 整合社会支持资源。为学生创设寝室、实验室等良好的人际支持环境，并提供学校心理咨询预约方式，为研究生整合更多社会支持资源。

· 通过导师自我榜样示范、鼓励学生合理调控情绪等方式，引导学生形成积极健康的生活方式和乐观向上的人生态度。

心理危机与自杀干预的原则

· 生命第一原则：危机干预中的任何措施以坚持生命第一为首要原则，一切以保障学生的人身安全为工作目标。

· 团队合作原则：高校心理危机干预是一场团队作战的工作，不同的角色有分工也有协作。

· 冗余原则：一旦发现危机线索，干预工作宁可多做，也不少做，不可麻痹大意。

· 依法处置原则：心理危机干预应遵循国家法律法规与学校有关学生管理规定，任何处理都依照一定的理论依据和法律凭据。

知情群体的教育干预

1. 自杀传染

暴露于自杀行为后影响或增加了后续发生的其他自杀,这一过程即自杀传染。其作用机制不明,可能的解释是:一是模仿和社会学习;二是易感个体暴露于自杀信息中可能会诱发或加重其抑郁情绪,从而产生自杀行为。

2. 自杀传染易感人群

· 有自杀意念、决定、计划、准备、演练,特别是有自杀未遂史者;

· 有抑郁症或其他精神障碍者;

· 正遭受其他严重应激事件,如毕业压力、失恋、亲友死亡等;

· 自杀的目击者、现场急救人员;

· 自杀者的同学、朋友、家人、重要他人等;

· 曾听到死者说起要自杀,可能对自己错失帮助感到自责、自罪的人;

· 最近一次与死者有过冲突或负性交流的人;

· 曾欺负、殴打或霸凌过自杀者的人……

3. 知情群体的教育干预

Q:为什么还要针对群体? 岂不是更大范围的暴露?

A:因为:

· 存在尚未求助的、排查遗漏的学生;

· 存在失去求助能动性的学生;

· 存在有风险的,且掩饰性高的学生;

· 阻止不客观的讨论及非理性情绪的表达;

· 唤醒普通学生的自助、助人意识;

· 向更多学生传递正确的态度、理念、价值观。

Q:知情群体教育干预的主要内容是什么?

A：主要内容：是教育、提醒、识别和提供。确保传递安全正确的信息，及时传达关心与慰问，理解接纳彼此的情绪反应，提供方便可及的心理健康求助资源。

4. 如果很不幸遇到自杀事件，可以向本课题组研究生这样告知

注意：可与研究生在实验室、教室分享这份信息，切忌在大规模集会或通过高音喇叭来分享。

我很遗憾地告诉大家，我们课题组的一名研究生（名字）已经不幸离开我们。我也很难过地告诉大家死亡原因是自杀。我们中的很多人都会感觉到非常悲伤。其他人可能也有别的情绪，比如愤怒或者困惑。不管感受到怎么样的情绪，都没有关系，在这个时候有这样的情况很正常。当有生命逝去的时候，会引发很多问题，有些问题可能永远都没有完整的答案。

我们也可能永远不知道为什么（名字）他/她会结束自己的生命，但是我们知道自杀有很多的起因。在很多情况下，心理或者精神健康问题是可以求助的，是可以治疗的。关于自杀预防的更多知识，大家也可以向辅导员或者心理中心的老师去了解，他们会有专门的宣传手册。

当前情况下，请大家不要去散布谣言。它们可能不是真实的，而且对（名字）和他/她的家人、对大家都会造成伤害。也有可能有人出于好奇，向你追问细节，或问他/她在实验室的状况，这同样会给同学们带来压力。我们可以拒绝回答，或者说"我也不知道，这段时间我们课题组都很伤感，请给我们一点空间缓解情绪"。

如果大家因这个事情感觉到内心有任何不舒服，请记得寻求帮助，这非常重要。如果觉察到身边的同学需要帮助，也请主动关心。我想让大家知道，学院领导、辅导员、老师们和我，都在这里支持大家。学校还有心理健康教育中心的老师，可以帮助我们应对内心的痛苦。无论如何，我们都在一起。

第六章

导师的自我心理保健

心理健康是充分发挥个体潜能的内部心理协调与外部行为适应相统一的良好状态,是身体健康的基础和重要组成部分,也是影响或制约人们事业走向和生活幸福感的核心要素。

当前,职业压力大、工作负荷重已成为高校教师群体的普遍现象,研究生导师除了承担一般高校教师的教学、科研和社会服务工作外,还对研究生的学术研究指导、学位论文选题、课题指导以及相关的就业问题、生活问题等负有责任,体验到的压力感和紧张感会更强,容易出现一系列情绪和行为问题。因此,如果加强自我心理保健和自我关照,以正确的态度和方法来应对心理压力和冲突,是导师的健康生活方式中非常重要的一个部分。

第一节 导师心理健康的影响因素

有研究表明,科研与考核压力、教学与研究生指导压力、行政事务与人际关系压力和家庭责任压力是研究生导师最主要的压力来源。在这样的压力源面前,不同的导师会有不同的心理和行为反应,有不同的心理状态。那么,影响心理健康状况的因素从个人层面看有哪些呢?

一、自我概念

导师的心理健康状况和自我概念的发展水平之间有一定的相关性,一般来说,自我概念越积极,心理就越健康。自我概念水平较高的导师更有自信,对自己有较多肯定性的评价,即使面对失败的情境也常常能较全面地分析主客观原因,不轻易否定自己,能够很好地调整、控制各种不良情绪,保持健康的心态。自我概念水平偏低的导师则不能自我肯定,常常怀疑自己的水平,特别容易在失败的情境中否定自己、体验自卑,把本来微不足道的小事视为是自己失败和无能的结果,他们经常在意别人的看法,对他人的评价很敏感,听到一些负面评价时就觉得自己一无是处,不能正视自己,认为自己被伤害,怨天尤人,怨恨自己不如人。还有的导师把自尊价值全部建立在工作表现上,拼命工作以此来提升自己在别人眼里的形象。也有的导师常常过度自我谴责,习惯于把一些实际上超出控制范围的事情认为是自己的责任,因而总是深陷于自责、焦虑和痛苦之中,影响心理健康。

二、归因风格

有人说"你的归因风格,决定了你的习惯性状态"。遇到同一件事情,不同的导师会有不同的后续反应和表现,这往往源于他们对于事件不同的归因。归因就是关于某一事件产生原因的判断。不同的归因方式会影响动机、心境,甚至表现的能力。一个人是积极还是消极,主动还是被动,轻易放弃还是坚持不懈,敢于冒险还是安于现状,都受到归因风格的影响。例如,有的导师遇到挫折和困难,倾向于归因为"稳定的内因",即是因为自己无能或总是运气差等,且默认一直如此,在潜意识中认为自己再也做不好一件事情,而当自己有所成就时,却不愿意归因于自己的个人因素,反而指向于外界的因素,比如认为拜别人所赐,或者纯属偶然，于是，总是产生很多负面情绪，处于消沉沮丧的状态之中。

三、非理性信念

一个人的社会适应程度及心理健康水平，很大程度上与他们的认知有关，片面的、错误的认知和非理性的信念，往往是个体产生不良情绪的原因。由于研究生导师职业的特殊性，人们对这一群体既尊重又有很高的社会期望，非常容易被理想化。这无形中给导师施加了巨大的心理和现实的压力，容易出现"我必须做好""如果做不到，那是无法容忍的""如果没做好，我是没有价值的"等观念。理性情绪疗法的创始人阿尔伯特·艾利斯（A. Ellis）把这些基础观念和假设称为非理性信念。非理性信念是死板的、绝对的，包括像"总是""从不""完全地""必须""不得不"这样的词语，它影响人的行为，常常给人带来情绪困扰，引发心理问题。

四、性别和年龄因素

处于不同年龄阶段的导师具有不同的生理、心理特点。青年导师刚结束学生时代走向社会，正处于成家立业的重要时期，精力旺盛，思维活跃，抱负远大，进取心强，对个人前途充满信心，但如果因为角色转换困难而感到无所适从，就容易产生较强的压力感、挫败感，容易出现职业适应不良。中年导师处于成熟稳定发展阶段，精力充沛，年富力强，处于学术和科研事业发展的鼎盛时期，具有强烈的成就动机，但因为家庭、经济等负担重，压力大，工作满意度容易下降，易出现职业倦怠，感到抑郁和焦虑。接近退休年龄的导师，取得了令人满意的学术成就和相应的职称，但身体机能相继出现衰退性变化，生理功能的变化带来心理的变化，容易出现心理适应力下降、状态不稳定等现象，且对新的事物容易有排斥和恐惧感。

第二节 导师的压力管理与自我调适

正人者先正己,助人者先自助。作为高校教师队伍中的高层次人才,导师的心理健康水平不仅会影响自己的工作与生活,还影响研究生的教育与培养。导师的压力管理与自我调适可以通过以下一些方法进行。

一、用理性情绪疗法增加自我觉察

理性情绪疗法是由美国心理学家阿尔伯特·艾利斯创建的,他认为诱发事件(activating event,A)只是引发情绪和行为后果(consequence,C)的间接原因,而直接原因则是个体对诱发事件的认知而产生的信念(belief,B)。这里的信念包括人们对于诱发事件的想法、解释和评价。可以这样表述这三者之间的关系:

"我对于A,感觉到C,这其实跟A并没有关系。我真正感到C的原因是B。"(图 6-1)

图 6-1 理性情绪疗法的 ABC

比如,某导师要完成科研考核指标有些困难,一次聚餐时,家人出于关心问及他今年科研考核情况,他就表现出极大的抵触和厌烦,最后大家不欢而散。家人不理解,只是关心一下他,怎么就这么敏感,他自己也觉得其实没必要反应那么激烈,但情绪一上来就控制不住自己。

根据上面的格式,该导师反应过度的"底层逻辑"可能是:

我对于(A＝被问科研考核这件事),感觉到(C＝反感、厌恶、抵触),这其实跟(A＝被问科研考核这件事)并没有关系,我真正(C＝反感、厌恶、抵触)的是(B＝我面对自己的科研压力,感觉自己很无能)。

有了这样的觉察,该导师就能有机会去处理这部分自我认知的矛盾和纠结,而不是简单地将这部分认知冲突外化到和家人的冲突中。

二、用积极心理学理论提升幸福感

"积极心理学"这个词起源于亚伯拉罕·马斯洛在 20 世纪 50 年代关于动机和人格的研究。1998 年,经时任美国心理学协会主席马丁·塞利格曼的大力推广后,积极心理学开始流行。

积极心理学对人类的幸福进行了深入研究,提出了"幸福方程式":

$$H＝S＋C＋V$$

即真正感受到的幸福持久度(H),取决于我们天生遗传的幸福感知范围(S)、我们的生活条件(C),以及我们自己可以控制的因素(V)。

V 是"幸福方程式"中最重要的变量,是我们在整个真正可以凭借自己内在的力量去控制和调整的。尽管研究生导师们面对较大的工作、生活、科研等压力,但这些都不是影响幸福感的关键因素,关键在于导师内在的认知方式和情感方式。只要能够发展起积极的心理品质,充分发挥自己的潜能,就能建立起高质量的生活。

塞利格曼提出,保持乐观的态度不仅有助于避免抑郁,而且有助于提高人们的幸福感和健康水平。他在后来的研究中发现,一个人可以通过后天的学习变得积极和快乐的,哪怕那些天生的悲观主义者。他的方法被称为"ABCDE"模型。

逆境(adversity,A),是指需要做出反应的某种事件、情形。

想法(belief,B),是指人们如何诠释这一事件。

后果（consequence，C），是指人们表现出怎样的行为、反应和感受。

反驳（disputation，D），是指人们在反驳这一认知方面所做出的努力。

激励（energization，E），是指人们通过挑战认知而获得的结果。

比如：

A：想象一下你最近开始了一个研究计划，但你现在很难坚持下去。

B：当你想这一逆境时，你可能会有诸如"我不擅长坚持自己的研究计划"，"我永远都不会实现自己的目标的"或者"可能我没有毅力，所以无法实现目标"之类的念头。

C：你可能会很快意识到你的负面想法让你更难以践行你的研究计划。可能你开始更频繁逃避，或越来越拖延。

D：反驳 B 中的想法，寻找例子证明这些想法是错误的。例如，你可以回忆你之前你所有曾成功完成的研究计划，或你通过努力实现的其他目标。

E：在你回忆之前努力完成目标的情形之后，你可能会感到更有活力，更有动力。既然你现在已经看到事情并不像你之前所想的那样无望，现在你可能就更有动力去实现你的目标了。

关于习得性乐观，最令人鼓舞的一点可能是，有些技能是可以学习且付诸实践的。通过发展乐观思维，让"习得性乐观"成为一种生活方式，可以提高生活质量和幸福感，同时也避免诸如抑郁症等心理问题或低自尊状态。

三、用体育运动优化心理状态

当一个人遇到压力时，人体的神经系统就会通过产生诸如肾上腺素、去甲肾上腺素和皮质醇等激素来做出反应。这些激素会引起一系列的生理反应，最终形成战斗或逃跑的行为表现，这是人体应对感知到的威胁的方式，这些生理反应包括睡眠困难和疲劳、饮食习惯的改变、易怒和脾气暴躁、注意力不集中、焦虑症和肌肉紧张等。

　　许多研究表明,运动(包括有氧运动和身心运动)可以通过增强人体的"快乐"激素(如多巴胺和血清素)来帮助人们缓解压力。运动促使身体合成血清素和多巴胺,这些正是决定快乐情绪的脑内化学物质,从而帮助改善抑郁,舒缓压力。运动还可降低皮质醇含量,有助于提高记忆力和专注力,提高做事效率。当运动达到一定量时,身体产生的啡肽效应能愉悦神经,消除疲劳。定期运动对心理健康具有深远的积极影响。

　　现有的大多数改善精神状态的药物,都是以调节这些神经递质为目标的。事实上,运动就能产生和服用药物一样的效果,因为运动提高了神经递质的水平。比如,在焦虑症的治疗中,有一种叫β-受体阻滞剂的药物广受欢迎,它对交感神经系统具有镇静作用,很多古典音乐家在演出前会选择服用它,以避免紧张出汗和肌肉僵硬。运动是一种自然而有效的抗焦虑疗法,参加愉快的、非竞争性的或有节奏的体育运动会产生显著的短期情绪效应,从而形成良好的情绪状态。

最易上手的韵律运动

　　韵律运动就是按照一定的韵律运动。人类从出生到死亡,一直在无意识地进行韵律运动,心跳、呼吸、眨眼都是。在成长的过程中,散步、跑步、骑自行车、游泳、跳舞、做健身操等,都属于韵律运动的一种,练瑜伽、打太极拳时进行有意识的腹式呼吸,也是韵律运动。

　　有科学研究表明,持续5分钟的韵律运动,血清素释放量就会增加。因此,在日常生活中,选择那些自己喜欢的韵律运动,哪怕是有韵律地行走,每天坚持5~30分钟,就能有效地改善心理状态。

四、让身体姿态参与认知过程

"具身认知"是心理学中的一个新兴领域,指生理体验与心理状态间存在着强烈的联系。认知语言学之父乔治·莱考夫这样描述具身认知:如果用一句话来描述具身认知的最重要特点,那就是大脑会通过身体(的性质、感觉和方位等)来认知世界。

在传统的认知观中,我们认为"因为快乐,所以微笑",但具身认知理论告诉我们,很可能是"因为微笑,所以快乐"。具身认知理论认为我们的整个身体都参与了认知的过程,身体与空间、环境、文化的互动更是塑造了我们的思维,影响着我们的情绪状态。

咬铅笔实验

德国学者曾做过一个有趣的咬铅笔实验。科学家将参与者随机分为两组,两组参与者观看同一部影片,影片的故事情节有喜有悲。第一组人被要求牙齿横向咬住铅笔,嘴咧开成微笑状态观看;第二组人被要求嘴唇竖向抿住铅笔,嘴角呈向下状态观看。调查发现,横向咬着铅笔的参与者表示,从影片中看到更多令人开心的事情,始终保持高兴的情绪;而嘴唇抿着铅笔的参与者,更多关注到的是影片中令人沮丧、难过的事情,情绪颇为悲观。

实验结果表明,做出笑的表情,就能体验到开心的事,做出嘴角向上的样子,就容易获得正能量;而嘴角向下的时候,感受到的多是负能量。

因此,具身认知观下,身心一体,善用身体能改善认知,进而改变情绪。应对压力情境时,采取高能量姿势来应对压力不失为一种实用的方法。比如抬头挺胸,摆出有力量的动作和姿势,面带微笑,精神状态就会更好,整个人的情绪也会感觉更自信。

高能量姿势举例

第一个是最常用的力量姿势:站立,双脚稍比肩宽,挺胸抬头,双手叉腰,就像超人一样,你可以感受到全身都涌动着正能量。

第二个是感恩姿势:站立,高举双臂呈 V 形,仰起头,就像做伸展运动那样。保持这个姿势,呼吸 3~4 次,让人感到自信。

第三个是平静姿势:抬头挺胸,双脚分开,膝盖放松;双手合十,放在胸前做祈祷状。闭上眼睛,保持姿势,深呼吸 6 次,能有效缓解焦虑、紧张。

五、用正念冥想释放心理压力

正念是通过有目的地将注意力集中于当下,不加评判地觉知一个又一个瞬间所呈现的体验而涌现出的一种觉知力。1978 年,美国麻省理工学院教授卡巴金正式将正念引入心理治疗领域,开创了"正念减压疗法"。从那时起,正念成为一种标准的、效果可验证的心理干预技术。目前,我国不少精神科治疗、心理治疗都结合了正念干预,中国心理学会正念心理学专业委员会(筹)还制定了《正念干预专家共识》,用于规范正念训练在我国的研究、实践、教育与传播工作。

正念冥想是一组以正念技术为核心的冥想练习方法,是一种快速有效的自助工具。正念冥想训练(mindfulness meditation training)从风靡西方到逐渐进入我们的生活,越来越多地影响着我们的认知和生活方式。而且,因为正念冥想可以在任何时间、任何地点进行,所以它可以成为我们任何时候最便携的应急资源。

我们很难彻底消除生活中令人产生压力的想法,逃避压力和焦虑也只会增加无力感,但是我们可以学习改变与压力之间的关系。正念冥想就是个体有意识地把注意力维持在当前内在或外部体验上并对其不做任何评价的一种自我调节方法。正念冥想除了能帮助我们处理不良的情绪,降低抑郁、焦虑水平,减轻压力,改善睡眠,使人产生平静感,提升整个生活和工作状态之外,还可以让我们从大量嘈杂烦乱的信息中辨识出最重要的信息,在大脑高度专注的状态下,进行深度思考,从而产生内心顿悟般的发现。

一个简单的正念冥想练习

1. 选择一个安静而舒适的环境,可以是家里或者安静的办公室角落,换上舒适的衣服,准备一个毯子在旁边,以防着凉。

2. 设置好一个时间,可以先从 5 分钟开始,逐渐增加时间,最好每天留出一段整块的时间,例如早饭之前进行练习,为一天的生活打下好基础。

3. 找到一个舒适的姿势,可以选择一款用于冥想的坐垫,或者有个小枕头,便于坐在上面。

4. 做几个热身动作,活动身体各关节,如颈部、手腕、肘、肩等关节。

5. 盘腿而坐,身体正直,眼睛微闭,下颌微收,两掌相叠,掌心向下,置于腹部下方,全身放松。

6. 开始正念冥想(最好配合音频)。刚开始,你的脑袋中会冒出各种各样的想法或事件,不要排斥它们,而是要注意到它们的存在,不要评价它们,而是接受它们,试着将它们转移到你的呼吸上。

7.关注你的一呼一吸。可以想象气流从你的鼻尖进入,进而充满全身,然后又从你的鼻尖出去。

8.整个冥想过程中,只要出现了神游的情况,就将它们转移到你的呼吸上。可以采用数息的方法,把全部注意力集中在鼻孔处,每次呼气的时候(或者吸气的时候)就数一个数字,从 1 数到 10,然后再从 10 数到 1。

注意事项:

· 冥想是集中精神的自我体验,并不是无意识,也不要睡着。

· 走神没关系,只要关注呼吸并把意识重新拉回来即可。

· 最好能每天留出一段整块的时间进行练习,并安排一个固定的地方。

以上介绍了一些可以用于日常压力管理的自我保健方法,但需要提醒的是,自我调适的方法适用于一般心理问题,当这些方法仍不能改善当前状态,或者症状已经影响到正常的生活和工作,且持续时间较长(至少 2 周)时,则需要专业力量的介入和干预,前往医院精神科就诊或是寻找心理咨询机构的帮助,都是明智且对自己负责的选择。

参考文献

一、学术著作

[1] Caplan G. Principles of preventive psychiatry[M]. New York：Basic Books Inc，1964.

[2] 理查德，詹姆斯，吉利兰，等．危机干预策略：第七版[M]．肖水源，周亮，等译校．北京：中国轻工业出版社，2017.

[3] 珀文．人格科学[M]．周榕，陈红，杨炳钧，等译．上海：华东师范大学出版社，2001.

[4] 杜兰德，巴洛．变态心理学纲要：第4版[M]．王建平，张宁，等译．北京：中国人民大学出版社，2009.

[5] 傅小兰，张侃．中国国民心理健康发展报告（2019—2020）[M]．北京：社会科学文献出版社，2021.

[6] 黄雯．危机管理心理学手册[M]．北京：中国法制出版社，2021.

[7] 马建青．大学生心理健康教程[M]．3版．杭州：浙江大学出版社，2021.

[8] 彭聃龄．普通心理学[M]．5版．北京：北京师范大学出版社，2018.

[9] 钱铭怡．变态心理学[M]．北京：北京大学出版社，2006.

［10］陆林.沈渔邨精神病学［M］. 6 版.北京：人民卫生出版社，2018.

［11］朱婉儿，吕淼华.生命中的重要他人：导师之于研究生［M］.杭州：浙江大学出版社，2018.

二、学术期刊文献

［1］Auerbach R P，Mortier P，Bruffaerts R，et al. WHO World Mental Health Surveys International College Student Project：Prevalence and distribution of mental disorders［J］. Journal of Abnormal Psychology，2018，127（7）：623-638.

［2］Dube S R，Anda R F，Felitti V J，et al. Childhood abuse，household dysfunction，and the risk of attempted suicide throughout the life span：Findings from the adverse childhood experiences study［J］. The Journal of the American Medical Association，2001，286（24）：3089-3096.

［3］Huang Y Q，Wang Y，Wang H，et al. Prevalence of mental disorders in China：A cross-sectional epidemiological study［J］. The Lancet Psychiatry，2019，6（4）：211-224.

［4］Kandola A A，Osborn D P J，Brendon S，et al. Individual and combined associations between cardiorespiratory fitness and grip strength with common mental disorders：A prospective cohort study in the UK Biobank［J］. BMC Medicine，2020，18（1）：303-303.

［5］Messent P. DSM-5［J］. Clinical Child Psychology & Psychiatry，2013，18（4）：479-482.

［6］Needham B L，Epel E S，Adler N E，et al. Trajectories of change in obesity and symptoms of depression：The CARDIA study［J］. American Journal of Public Health，2010，100（6）：1040-1046.

［7］Ohayon M M，Schatzberg A F. Using chronic pain to predict depressive morbidity in the general population[J]. Archives of General Psychiatry，2003，60(1)：39-47.

[8] Phillips M R，Yang G，Zhang Y，et al. Risk factors for suicide in China：A national case-control psychological autopsy study[J]. Lancet，2002，360(9347)：1728-1736.

[9] Shneidman E S. Suicide as psychache[J]. Journal of Nervous & Mental Disease，1993，181(3)：145-147.

[10] Shneidman E S. Anodyne psychotherapy for suicide：A psychological view of suicide[J]. Clinical Neuropsychiatry：Journal of Treatment Evaluation，2005，2(1)：7-12.

[11] 董佳妮,周蝶,付旭,等.自杀未遂者自杀危险因素间的路径分析[J].临床精神医学杂志,2020,30(5):316-320.

[12] 杜睿,江光荣.自杀行为的分类与命名:现状、评述及展望[J].中国临床心理学杂志,2015,23(4):690-694.

[13] 何燕玲.中国强迫症防治指南 2016 解读:概述[J].中华精神科杂志,2017,50(4):246-248.

[14] 刘燕,刘博涵.研究生导学关系优化研究[J].高教探索,2018(8):30-34.

[15] 龙迪.心理危机的概念、类别、演变和结局[J].青年研究,1998(12):42-45.

[16] 陆卓林,梁瑞琼,邱鸿钟,等.南方某省高校大学生 2013—2018 年自杀现状[J].中国学校卫生,2019,40(7):1085-1087.

[17] 马建青,朱美燕.大学生心理危机及其干预现状的调查分析[J].学校党建与思想教育(高教版),2014(12):73-75.

[18] 吴才智,于丽霞,孙启武,等.自杀大学生中的应激事件[J].中国临床心理学杂志,2018,26(3):472-476.

[19] 吴才智,谌燕,孙启武,等.心理解剖及其在自杀研究中的应用[J].心理

科学进展,2018,26(3):503-517.

[20] 吴才智,江光荣,段文婷.我国大学生自杀现状与对策研究[J].黑龙江高教研究,2018,36(5):95-99.

[21] 杨振斌,李焰.大学生非正常死亡现象的分析[J].心理与行为研究,2015,13(5):698-701.

[22] 赵久波,赵静波,肖蓉,等.中国大学生自杀死亡接触状况及其在生活事件与自杀风险之间的调节效应[J].南方医科大学学报,2013,33(8):1111-1116.

三、电子出版物

[1] 胡浩.习近平对研究生教育工作作出重要指示[EB/OL].(2020-07-29)[2022-06-20].http://www.gov.cn/xinwen/2020-07-29/content_5531011.htm.

附录1　心理咨询视角下的案例分析

说明与提示:因写作的需要,本书中展示和讨论的案例主要来源于网络、电视、正式出版的书籍或发表的文章等公开的信息渠道,部分来源于高校心理咨询的实践经历,不包含可能辨认出来访者的有关信息,请勿对号入座。

失眠的小韦

案例基本情况

小韦,从外校考入本校攻读硕士研究生,入校一年后因为专业学习任务重,经常感觉很焦虑、紧张,担心毕不了业。每天待在实验室中做实验,仍觉得项目难度较高,很难按照导师的要求去完成,觉得导师对自己不满意。因担心自己时间不够,尽量减少外出和人际交往,一日三餐都是通过外卖解决。晚上12点上床后入睡困难,经常需要1个多小时才能逐渐入睡,睡眠质量不高,半夜易醒。睡不着时小韦经常会想起家长和老师以前的教育,比如"年轻人一定要睡够8小时,睡眠不足就会导致第二天状态不佳,学业下滑"等,为此更加焦虑,之后逐渐发展到有时整晚都难以入睡,白天困顿,注意力和记忆力都下降,精神疲惫不堪,要靠喝咖啡来保持精力,这样的情况已经持续了几个月。

经了解,小韦从小就是老师眼中的"乖学生",学习成绩出色,遵守学校纪律,听从老师和家长的指导和教育,因此被家里人寄予厚望。进入高中后,因所在的高中优秀学子众多,竞争激烈,小韦为了让自己始终保持在学习名列前茅的位置,把除吃饭、睡觉以外的时间都用来学习,即使晚自习结束后也经常想尽办法学习,每天休息时间都比其他同学晚。后来,小韦出现过短暂的情绪焦虑、入睡困难、失眠等情况,尤其是在面临重要的阶段性考试时,往往睡眠情况会比较糟糕。在父母的关心和鼓励下,小韦尝试服用一些西洋参含片等保健品提升注意力和记忆力,睡眠问题有所调整。高考结束后失眠情况好转。大学本科期间总体睡眠状况相对稳定,直到一年前考上研究生后,类似的睡眠问题再次出现了,小韦很担心自己高中时就有过失眠经历,以后是否也会一直存在这样的状况,为此非常痛苦。

心理咨询师的理解

睡眠是生命的需要,是一种生理需求,是一种自发、可逆的周期性状态。人一生中有三分之一的时间是在睡眠中度过,睡眠过程中机体的意识暂时中断,对外界刺激的反应能力降低,这也是机体复原、信息整合和记忆巩固的重要环节,对促进个体大脑发育、骨骼生长、视力保护、身心健康和提高学习能力与效率至关重要。关于睡眠的研究结果表明,长期失眠会导致注意力不集中、记忆力下降、决策异常,可诱发过早衰老、高血压、心肌梗死、高脂血症、肥胖甚至是癌变等躯体疾病,也会引起焦虑、抑郁,甚至出现幻觉等精神症状。

从小韦的成长经历、焦虑情绪、失眠状况和应对措施等方面的信息,我们可以看到小韦确实存在着较为严重且反复出现的睡眠问题,那是什么因素导致他会出现睡眠紊乱的情况呢?

首先,这与小韦对学业过度焦虑的情绪有关,小韦从小就是老师眼中的"乖学生",学习成绩出色,遵守学校纪律,听从老师和家长的指导与教育,家里人对他寄予厚望,这让他对于自身的学习一直有着高标准、严要求,精神常处于紧张状态,进入高中后面临的竞争更为激烈,这使小韦容易感受到学习是他无力避免、无法应付的威胁,内在的恐惧会转化为焦虑,出现心神不宁、自卑自责、头疼头晕、惶恐急躁等现象,过度的焦虑也使得小韦注意力难以集中,记忆的过程以及思维的活动均被干扰。

其次,小韦存在很多不合理的认知,如"年轻人一定要睡够 8 小时,睡眠不足一定会导致第二天状态不佳,学业下滑""要做乖学生,学习成绩必须出色",这些均是典型的绝对化的不合理信念。

再次,小韦高中时曾有过失眠经历,且对社会功能造成了一定程度的影响,所以当小韦进入研究生后再次出现睡眠问题时,其内心因以前的经历对失眠存在恐惧心理,进一步加重了焦虑情绪,最终导致了严重且长久的失眠问题。

心理咨询师给导师的建议

1. 建议劝导小韦尽快去医院评估诊断。因小韦的睡眠问题反复出现,且已逐渐泛化,对社会功能也造成了影响,建议尽快去精神专科医院睡眠科门诊做评估诊断,探究小韦出现失眠的原因,系焦虑情绪影响,抑或本身还存在着器质性疾病,在科学、专业的评估诊断下接受系统治疗。

2. 建议积极倾听,给予小韦心理支持。作为小韦的研究生导师,本身就是小韦社会支持系统中的重要一员。社会支持系统即个人在自己的社会关系网络中所能获得的、来自他人的物质和精神上的帮助和支援。一个完备的支持系统包括亲人、朋友、同学、同事、邻里、老师、上下级、合作伙伴等,当然,还应当包括由陌生人组成的各种社会服务机构。导师可以在日常沟通中多倾听小韦,倾听是在接纳基础上积极地听、认真地听、关注地听,并在倾听时适度参与,给予共情,全身心地去感受并同理小韦在谈话过程中表达的言语信息和非言语信息,充分认同小韦的失眠给他带来了巨大的痛苦,让他的内心极其难受,当我们做到充分理解和信任小韦时,也会让他感受到安全和依靠。

3. 引导小韦识别不合理信念并科学调整。小韦存在很多不合理的认知,如"年轻人一定要睡够8小时,睡眠不足一定会导致第二天状态不佳,学业下滑""要做乖学生,学习成绩必须出色",这些均是典型"绝对化"的不合理信念,同时,他可能还潜存着"学业下滑的话是一件糟糕至极的事情"这样"糟糕至极"的不合理信念。导师可和小韦讨论其存在的不合理信念,指导其更多进行积极、正向的自我暗示,坦然接受自己存在的焦虑情绪,并意识到比起高中的自己,现在的自己有更成熟的头脑、更丰富的策略去对抗学业焦虑和睡眠问题。同时也可以鼓励其发展合理的失眠及焦虑情绪应对措施,如定期运动、听音乐放松心情、和朋友聊天倾诉、撰写睡眠日志等。

"一无是处"的小凡

案例基本情况

小凡,硕士二年级女生,老家在浙江某小镇,家中有一个年龄差十余岁的弟弟,父母经商,家庭经济情况一般。小凡出生后,父母前往省城打工,小凡与爷爷奶奶以及堂哥堂妹共5个人生活在一起。在小凡的回忆中,奶奶常说"如果学习不好就对不起父母,父母那么辛苦"之类的话,小凡从小认为要对得起父母,必须努力学习。

从初中开始,父母接小凡去省城上学,小凡成绩一直较好。初二时,弟弟出生,家人的目光和关注都集中在弟弟身上,妈妈要求小凡作为姐姐要懂事听话,在家的时候要照看弟弟,小凡因此羡慕嫉妒弟弟有完整的童年。小凡一直用功学习,希望能考出好成绩让父母骄傲。高考考入省重点大学,始终保持学习成绩名列前茅,但父母并不过多询问小凡的成绩,随着弟弟的慢慢长大,父母投入在弟弟身上的精力也越来越多。

研究生期间,小凡的导师是出了名的严厉型导师。在进组后,小凡发现导师常常以批评为主,有时候小凡会认为是鸡蛋里挑骨头。研究生期间的课程强度和实验难度都远超小凡的想象,她期望自己可以像本科阶段一样保持成绩前列,但任凭小凡用尽全力,还是感觉追不上大组的其他同学。随着小凡在实验组里的时间越来越长,她感到越来越无力,导师的批评语气让她觉得自己"似乎是全组最差的学生,似乎自己根本没有能力进组"。

两周前有一次帮师兄做实验,小凡因为在实验室睡着了错过了看实验反应现象的时间,导致师兄重要数据收集不到,影响实验进度,虽然师兄嘴上没说什么,但小凡觉得自己拖了实验室团队的后腿,并感觉到别人在用不一样的眼光看自己,感觉自己一无是处,没有任何优点。

最近两周来,小凡不想出门,不想见人,不想去实验室,每次出门感觉好像会被人盯着一样,胃口也不如以前好。小凡认为周围的师兄师姐和其他同学都通过语言、表情、行为表达对自己的厌恶、唾弃和不满意。她这几天有时会想到"我可能不属于这个世界",情绪来的时候感受不到自己还活着,在情绪最糟糕的时候甚至有要结束生命的想法。小凡害怕自己会走到失控的边缘,作出无法挽回的事情,主动预约心理咨询,心理咨询师将该生转介到精神科专科医院,确诊为抑郁症,开始服药治疗。

心理咨询师的理解

小凡将实验室里被导师批评解读成自己是"全组最差的学生";把实验失误后师兄的反应解读成是"别人用不一样的眼光看我",体现出"我一无是处"。经过小凡的思维加工,周围人与她的互动很容易被看作是对她的"厌恶、否定、嫌弃、不认可、不接纳",由于小凡的这种思维惯性导致抑郁情绪的产生,甚至在情绪糟糕时有自杀的想法。

小凡从小生活环境不稳定,小时候离开父母寄养在爷爷奶奶家,爷爷奶奶同时照顾多个孩子,她可能没有得到足够好的照料,在童年期没有形成安全的依恋模式。奶奶说的"如果学习不好,就对不起父母"影响小凡的价值观的形成,在她的潜意识里认同只有学习好,父母才能接纳她,对她满意。初中回到父母身边生活一年后,弟弟出生,小凡感觉被忽视,要与弟弟竞争父母的爱,还要做到"懂事听话"。在这样的环境下,小凡从小养成的应对策略就是努力学习,通过"好成绩"获得被接纳、被认可,在这个过程中,"努力学习"也渐渐内化成了她的自我目标,于是小凡一直努力保持着不错的成绩,也因此较为平稳地渡过之前几个阶段。

然而在研究生阶段,小凡无法一直保持实验室中的"优秀"地位,再加上导师要求严格,让她无法实现之前惯用的应对策略。导师的"严厉批评",对普通学生来说可能是可承受的,甚至可以成为进步的动力,但对小凡来说这些批评很容易激发她的"我是无能的,我得不到爱了,我要被抛弃了"等核心信念。在这种核心信念的笼罩下,小凡容易把他人的一切评价、生活中的小事都解读成是他人"对我的厌恶、不满意",这样的解读进一步证实"我是无能的,我一无是处"等,从而导致抑郁情绪的产生和维持。

心理咨询师给导师的建议

1. 小凡目前经医院确诊抑郁症,需谨遵医嘱,按时服药复诊,请导师重点关注学生的日常状态,并和辅导员就学生情况保持及时沟通。

2. 鉴于小凡的思维惯性,容易把"正常"的指点当作是对她的"否定、嫌弃、不接纳",建议导师尽量避免对其的言语刺激,适当鼓励她,为小凡营造轻松的学习、生活氛围。

3. 对于目前小凡的学习困难问题,可适当安排师兄师姐对她进行辅导和帮助。

4. 增加对小凡的人文关怀,导师可由关心学生学习、生活或其他事由切入与她谈心谈话,及时了解情绪状态。

5. 建议适当组织实验室团队建设活动,拉近实验室同组学生之间的关系,增强团队成员间的心理支持。

抑郁的小梦

案例基本情况

小梦,研一女生,由男朋友陪同前来寻求心理咨询。因最近脾气失控,情绪起伏大,和男朋友、舍友争吵变多,情绪无法控制,担心自己抑郁复发(曾在三甲精神卫生机构诊断为抑郁症)。小梦说自己学业受挫,导师给的任务很繁重,自己容易悲伤哭泣,睡眠减少,对很多事情失去兴趣,食欲减退,没有力气,也容易自我批评,觉得自己没有价值,容易紧张和害怕,注意力难以集中,头疼等。

小梦自小父母外出打工,寄养于外婆家中。母亲每次电话都会询问她在外婆家表现如何,有没有惹舅舅、舅妈不高兴,还会特别嘱咐小梦不能让邻居周围人说她不乖、不懂事。小梦也会特别担心母亲在外的安危问题,每天都会准时地等待电视上的天气预报,关注母亲所在城市的气象。晚上睡觉,小梦会感到特别孤独,很害怕自己睡着,所以总会特别拖延,但因害怕外婆责骂,所以会按时进入房间然后发呆。

小梦高中时,父亲因赌博欠下很多债,一家人生活变得更加艰难。过年时,小梦经常会遇到亲戚朋友来找父母讨债,妈妈就会一直哭。外婆家的亲戚会经常当着小梦的面数落父亲,并告诫她一定要争气,只有小梦能帮上母亲,以后要好好孝敬母亲等。

小梦大四备战考研时,曾连续高压奋战,经常熬夜,有时每天睡不到两三小时,这种情况持续了两个月。考上研究生后,小梦说开学初基本处于"无事"状态,且因实验室工位紧张暂未分配到工位,自己的同学因为是本校留校读研已接到导师派发的任务。小梦感到害怕,觉得自己无法融入实验室,会错过很多通知或消息,担心导师也不会喜欢自己,甚至会讨厌自己,因为小梦认为自己不会有什么好运气,也不会有什么人会喜欢自己。

心理咨询师的理解

小梦曾在三甲精神卫生机构诊断为"抑郁症"。参照 ICD-10 的具体标准,小梦的主要症状表现为:(1)抑郁心境;(2)精力不足、过度疲劳;(3)无理由的自责和不适当的罪恶感;(4)思维和注意力下降。上述症状已影响到其学习、工作效率和人际关系。该生寻求心理咨询时疑似抑郁症复发。

小梦抑郁症的可能诱发因素是:准备考研时连续两个月高压奋战,有时每天睡不到两三小时;研究生入学后,面临新环境的适应问题,实验室的融入和适应困难激活了其"我不讨人喜欢"的核心信念。

小梦的保护性因素有:现阶段男友的支持,两人关系相对稳定,咨询就医的依从性较好,寻求帮助的动机较强。

小梦的情绪主要表现为:害怕。小梦小时候缺少父母的安全陪伴,寄养的经历和家庭的负性事件,让其对威胁信号非常敏感,有着很强的警觉机制。因寄人篱下,害怕外婆、舅妈、邻居责骂自己,害怕在外地的妈妈出意外,害怕追债人围堵自己或父母,害怕自己没有成就不能孝敬妈妈。研究生入学后,害怕不能融入实验室,害怕自己错过通知、消息,害怕导师同学不喜欢自己,害怕自己没有成就。

害怕的情绪会表现出很多焦虑症状,比如小梦很难忍受"无所事事",会有很多补偿性策略,可能会提前预想各种灾难性假设,并做好预防和应对准备。而长期的"应激"状态,会让其耗竭、深感疲惫、认知僵化、人际过于敏感谨慎;这种应对的耗竭,加之一些诱发因素,会引发当事人出现持续心境低落、失眠、兴趣减退、自责等抑郁症状。

心理咨询师给导师的建议

导师应建议小梦及时赴三甲精神卫生机构接受再评估,明确当前症状,根据医嘱进行治疗。在遵循精神科医生医嘱情况下,可建议小梦到校心理健康教育中心或其他心理咨询机构接受一个阶段的心理咨询服务。在日常生活中,导师和辅导员加强联系,共同搭建一个有利于其康复的学习、生活环境,增进与小梦的交流。

被"疑病"困扰的小贝

案例基本情况

小贝,研一女生,是家中的独生女,家庭经济条件较好。从小贝小时候起,父母都在外经商。小贝从小就寄养在外公外婆家,直到进入大学。

小贝父亲家每一代人中都有精神疾病患者,母亲家也有亲戚精神表现异常。此外,家族中有乙肝病史,亲戚中有两人因为肝癌过早离世,因此小贝的亲戚们都非常重视乙肝病毒的检查。小贝从幼儿园懂事起,经常能够从亲戚口中听说周围人意外去世的消息,比如某某得癌症去世了,某某因为交通事故去世了,因此小贝感觉自己也处于危险之中。

小贝从小性格焦虑敏感,容易过度担心,比如小学时常常担心吊扇掉下来,看电视剧里主人公得了天花担心自己也会被传染。大学阶段,在某次期末考试前小贝开始感到身体不适,有一种无法言说的躯体难受感,且不断加重。尽管多种检查结果都显示身体健康,不存在严重的躯体疾病,可小贝的躯体不适感依旧非常强烈,每天都生活在恐惧中,担心自己哪一天睡着之后便因为疾病无法醒来,在睡梦中猝死过去。

小贝的父母因为担心女儿的身体状况,在小贝上大学后前来陪读,并带着小贝四处求医问诊,在各大医院检查结果都显示身体健康后,父母开始怀疑这是小贝的"疑病"。但一和小贝说起"疑病",小贝的反应就很大,认为父母不理解自己,不关心自己。为了照顾小贝的情绪,父母只好继续满足她的要求不断寻求更好的医院治疗,并帮助女儿寻觅民间秘方调理身体。经过一段时间的调理后,小贝的身体不适感奇迹般地消失了,全家人都感到很开心。

小贝的身体状况好转后,父母开始打算再次外出经商。此时疫情暴发,小贝又开始过度担心自己会传染上新型冠状病毒,因此购买了大量口罩、消毒液、手套等用于病毒防护,每天关注大量与疫情相关的各类新闻,最严重的阶段甚至因为担心被传染出现睡不着觉、吃不下饭的情况。

在疫情得到有效控制后,小贝依旧非常担心在不知情的情况下会被感染,无论是在教室上课还是实验室做实验都保持佩戴口罩,随身带着消毒酒精,且小贝总能感到咽部肿痛、肺部不适等症状,常常因身体不适就医,频繁做核酸检测。小贝的过度担心导致无法集中注意力完成学业,也常因为去医院做检查上课请假,因此学业也受到了影响。父母和周边朋友都感到不可思议。

心理咨询师的理解

小贝的症状符合焦虑障碍的诊断标准,也被称为疑病症,也是躯体形式障碍的一种。小贝尽管经过各类检查都确认没有躯体症状,但还是非常担心生病。高焦虑和低报警阈值引发了她反复出现对健康过度担忧的行为,如反复就医、过度防护等。小贝此类状态存在时间超过 6 个月,且已影响到学习和生活,应及时就医治疗并配合心理咨询。

小贝家庭有多种病史,且从小就耳闻身边人得重病或意外去世的消息,这让她的童年看起来处处充满危险,整个家庭有浓重的死亡焦虑、疾病焦虑氛围。家族有精神病史,小贝不排除有精神疾病的生理易感性,且从小性格焦虑敏感、过度担心,易诱发精神障碍。

小贝对身体健康的担忧有继发性获益,即可通过担忧身体不适获得益处。

小贝长期和外公外婆一起生活,得到父母的关爱较少,直到父母认为女儿有健康问题后,因为担心女儿的身体健康,开始带着女儿求医问药,并搬到了女儿所在的城市一起居住生活。小贝似乎在用生病的方式获得父母的关注和陪同,她的"策略"是成功的,因为"身体不适",父母和她在一起生活。当父母再次打算外出经商后,小贝再次开始表现出过度担忧身体健康,似乎在潜意识里以此控制父母和自己一起生活,以获得父母的关爱。

心理咨询师给导师的建议

1.建议导师对小贝的心理状态保持积极关注,及时将有关情况和辅导员交流。配合辅导员一起对学生进行心理健康教育,建议学生前往正规精神卫生机构就医接受治疗。

2.学生常为自己身体极微小的变化而感到焦虑,导师对学生的过度担忧尽量不要表现出轻视或无所谓的态度,理解学生的处境,共情学生,以避免造成导学关系的破裂。

3.增加对学生的人文关怀,导师可由关心学生学习、生活或其他事由切入与该生谈心谈话,增加对学生的了解,及时了解学生情绪状态。

4.建议适当组织实验室团队建设活动,如户外活动、健身运动、主题交流分享会等,帮助团队学生放松身心。

拖延的小闻

案例基本情况

小闻,是一名研一男生,因拖延问题前来寻求心理咨询。当前的状态是:常感到头皮发胀,呼吸有时急促,时常感到愤怒、难过,近两周伴有学习效率下降、自责、注意力难以集中的现象。小闻每次会描述一些近况,前几句声音比较清晰响亮,然后越来越低,最后含糊略过。他会特别在意自己的计划是否按照时间节点完成,特别关注自己的执行效率,对于不确定的状态会深感焦虑。

小闻是家中独子,自小家庭条件优越,爷爷、奶奶、外公、外婆均受过高等教育,曾就职于各事业单位,父母为教师和公务员。小闻自诉自己的成长可谓一帆风顺,没有体验过什么失败,也没有经历过什么创伤。但正是这份"顺"让自己非常迷茫、压抑。小闻认为自己的路都是家长选好的,爷爷奶奶、父母对自己管教很多,约束也特别多。一路走来,上最好的小学、最好的初中、最好的高中,原计划是本科后出国,后因疫情原因,临时决定考研。

考上研究生后,小闻突然觉得好像学习没什么意义,但是自己内心知道父母帮助自己规划的路是没有错的,自己也正是在家人的规划下一路幸运地走到现在。所以,小闻会不停告诫自己不要去想这些没有意义的"意义"问题,思考"自己到底喜欢什么"是在浪费时间,小闻告诉自己应抓紧时间按照"最好的"规划快速走下去。

于是,小闻给自己指定了详细的学习计划,具体到分钟。所有的计划都是为了成为更好的自己,以应对不断变化的外部世界。可最近,小闻常感没有动力,忍不住会去想"我做的这些有价值么",拖延行为越来越严重,以至于计划不断地被打乱,打乱后会感到烦躁,但更多的是体验到自责。小闻会很阻抗负性情绪的体验和表达,表示自己比较回避谈论情感,与家人表达情感也会感到很尴尬,比较羞于去分享自己的感受。

心理咨询师的理解

小闻的行为问题表现为拖延,情绪模式主要为紧张、焦虑,认知层面会反复思考"自身价值"问题。因对当前拖延行为的不满引发了较大的情绪波动,伴有一些焦虑的轻度躯体反应。

从小闻的成长背景来看,家中长辈均为知识分子,且小时候备受各长辈关心。长辈们特别重视小闻的教育,会与其讲述很多的道理。因而,小闻成长中不缺交流,但因家中条规框架较多,小闻与长辈交流中多为道理层面,情感表达部分很少。如此,小闻的情感部分会显得较为苍白,在生活中可能更多像机器人一样在执行着一些任务。在行为过程中的情绪感受对小闻来说,则是未分化的。

情绪的体验、流动对于小闻来说是一件不被允许的事情,拖延可能是他情绪的一种表达方式。当我们越是不允许自己放些时间在自己身上时,拖延就越是一种反抗,对当下任务的不满意。反抗里面是有情绪的,是对以往四平八稳的生活的抗拒。

心理咨询师给导师的建议

1. 小闻当前对自己的状态很不满意,认为自己所做的事情毫无意义,好像接近自己的感受是浪费时间,舍不得花时间让自己有好一点的体验。这时候导师或许可以让小闻放松一下自己,可询问他认为什么是不浪费时间,引导小闻去做一些看上去"浪费时间"的事情,能觉察自身的感受和想法。

2. 导师可以帮助调整该生"与学业无关的思考都是浪费时间"的偏差思维。在以往的成长经历中,小闻没有机会思考自己到底喜欢什么,也不被允许,当出现这样的思考时会自动化地抑制回去,然而,越压抑控制,该生的拖延行为越严重。

背负"三座大山"的逆行者

案例基本情况

小安,研三男生,家中独子。父亲常年在外打工,母亲在家务农。早年因为爷爷生病,家里欠了不少外债。奶奶有慢性病,需要长期用药,父亲作为家中长子,是奶奶医疗费用的主要承担者,母亲是奶奶日常生活的主要照顾者。家里经济一直很拮据,压得全家人喘不过气来。小安从小懂事、独立,性格内向、敏感,在学习上一直很要强,成绩优异。

小安最近因为毕业论文的事情,压力很大,无法很好入睡,整个人非常疲惫,情绪低落,经常注意力不集中,内心烦躁,做事提不起兴趣。小安对自己这样的状态很不满,但又无力改变,他无意中看到心理咨询的宣传,主动来访。

小安自述从小学开始住校,学习刻苦,一直是老师嘴里的"优秀学生"。高中时,为了减轻家里经济负担,他边读书边给一个小学生做家教,因劳累过度,导致高考前几天连续高烧,影响了考试的正常发挥,只考入一所二本学校,让周围人大跌眼镜。

在大学期间,他憋了一口气,想要通过自己的努力,弥补高考失误带来的遗憾。经过四年拼搏,他以专业第一的成绩考取一所重点大学的研究生,并在读研期间,多次获得各类奖学金。

小安所在的实验室科研氛围浓厚,同门之间竞争激烈。导师科研能力突出,对学生期待也比较高,希望学生能够珍惜难得的科研时光,可以把全部精力放在科研上,反对任何形式的兼职工作。但小安由于经济上的压力,总想为家庭多负担一些,他偷偷利用周末时间去做家教,因为担心自己偷偷在外兼职被同门和导师发现,因此每次去家教的时候,他都找各种理由撒谎,但同时内心又很不安,担心自己的秘密有朝一日被发现,被导师批评。

小安近期的实验进展比较顺利,数据也不错,导师希望可以多攒一些数据,发一篇级别高一点的文章,哪怕延期半年毕业,因为在导师眼里,如果有了好文章,这半年时间也是值得的。但小安内心非常不情愿,他认为发文章的时间有很多不可控的因素,他希望把目前的数据先整理一篇普通的中文期刊,先投出去,满足毕业的要求再说,确保能顺利毕业。因为他毕业后的意向单位已经找好,公司的规模和薪酬都让他比较满意,只要拿到毕业证书,正式入职,工作后就可以帮助家里还掉一部分欠款,可以让父母的经济负担小一点。所有的这些事情交织在一起,让小安焦头烂额。

由于小安性格比较内向,平时与周围同学关系一般,从没红过脸,但也不亲近,因此在学校里也没有什么可以交心的朋友。由于家庭经济条件的限制,小安也一直没有谈女朋友,因为他觉得恋爱、约会都需要花钱,他现在还没有能力承担。因此,小安在学校里一直很孤独。

心理咨询师的理解

小安当前面临经济压力、毕业压力、人际压力三座大山。经济压力就像一个背景板,从他懂事开始就跟随他长大。从小的经济压力使得小安不得不快速长大,背负起超过年龄该有的重担。因此,也就养成了他懂事、独立、要强,但又敏感、压抑的性格。他内心无法面对自我真正的需求,只能不断满足他人的需要,因此,他听话、懂事,不敢得罪权威,对导师的要求更是不敢轻易表示反对。因此,在别人眼里正当的家教工作,变成了"偷偷摸摸"的行为。为了掩盖这种"不被允许"的行为,在导师的高期待面前,他需要付出比别人更多的努力去隐藏,心力交瘁。

顺利毕业是小安在心里畅想了无数次的画面,小安的家境也要求他尽快经济独立。因此,对于他来说,毕业赚钱是他当前迫切的需要。哪怕他有比较不错的科研素养,未来的成就可期,但在他看来,也许都没有现在能得到的"面包"来得实在。而导师的期待和欣赏,"延期半年"的"策略",在他那里反而变成了一种压力。但由于他的性格使然,他不会与导师去辩解,也不知道该如何去表达,只能在内心抓狂。小安的周围找不到一个可以诉说内心苦闷的人,无法排解负面情绪,日常的生活也单调无趣,他的情绪接近崩溃。

心理咨询师给导师的建议

1. 导师不能轻视经济压力对一位研究生的影响,对于像小安这样家境贫寒的学生,要积极为其尽可能争取相关资助政策,多给予精神上和经济上的支持,以缓解其后顾之忧。

2. 导师在提出学业的非常规要求时,比如"用延期毕业换取更好成果"的策略,要根据学生的具体情况谨慎提议,特别是对小安这样不善于自主表达的学生,要充分与其沟通达成共识后再决定。

3.导师要努力营造有人文关怀的氛围,引导实验室同门之间的相互帮助和关心,尽可能给小安一个温暖的家的感觉。

文静的小兰

案例基本情况

小兰,某高校研究生一年级女生,内向文静,体型微胖,不太擅长与人沟通交流。她和室友、实验室的师姐分别起过冲突,在寝室和实验室她常常感到受到他人排挤,为此觉得非常委屈、难过。每天到了实验室后小兰也不与人说话,独自做实验,晚上也不想太早回寝室,觉得寝室氛围不好,三个室友也故意不理自己,有时说话也感觉夹枪带棒地在针对自己,小兰不知道该如何应对处理,所以每晚都十一二点才顶着夜色回寝室,在寝室里也非常沉默,寝室逐渐成了一个晚上洗漱睡觉的空间。

小兰一方面觉得非常难过,每天都过得很压抑,觉得自己像是被诅咒了的受害者,一直都遇不到好的关系,只能通过吃零食来缓解内心的痛苦;另一方面又觉得人与人之间是如此冷漠,都是因利益而结合的群体,他们不理会自己,那自己也不理会他们就是了。

在访谈中了解到,小兰的父母都是较为和善的性格,父亲从小较少和她交流,因工作原因经常不在家,偶尔在家时和小兰的交流方式就是戏弄她。小兰和母亲关系更为密切,但母亲要求较高,当小兰达不到其要求时,会对小兰冷嘲热讽。小兰中学时期也曾因体型微胖被班级其他同学嘲笑、排挤过,回家向父母求助,母亲表示没有办法处理,能躲着就躲着。为此,小兰觉得父母在自己最需要他们的时候是没能给予自己帮助和支持的,有时会感觉父母的爱也很虚,之后遇到困难也不再向父母求助。

心理咨询师的理解

在临床心理咨询过程中我们发现,人类的行为具有重复的倾向,如果一个人拥有安全和被接受的童年,那么他就会重复形成的人际模式,并进一步促进新的积极的行为。而如果童年遭遇恐惧,甚至是虐待,那么便会有重现挫败情景这样的心理动机,这种动机会潜意识地付诸行动,造成意识层面的明显的悲剧性行为。

对于小兰而言,我们不难发现,父母亲对她的情感联系里常常与她被惩罚有关,在这种情况下,依恋和痛苦不可避免地建立关联。比如:父亲在家的时间里会用戏弄式的方式逗小兰,而平时要么不在家,要么也是较少和小兰交流。母亲和小兰的关系密切,但是当小兰达不到母亲的要求时,母亲也会对小兰冷嘲热讽,父母这种喜爱与冷酷的特殊结合,就会促使小兰人格中自虐部分的形成。因为在个体心理发展过程中,儿童对父母关注的渴望远多于对自身安全的重视,儿童会逐渐习得痛苦是为获得亲密关系而付出的代价,通常就会内化其父母虐待行为的合理性,并在其之后的人际关系中不断再现这样模式,其实就是通过自虐行为来增强与周围人的联结,他们也需要周围有人来承载他们内心所排斥的施虐倾向。

心理咨询师给导师的建议

1.小兰在寝室、实验室人际交往关系中出现的困惑,更多地可能是与其家庭成长背景、与父母之间的关系模式有关联,其在人际关系中较多出现了自虐、偏执等人格方面的特质,建议导师可以鼓励小兰通过心理咨询对其自身内在的驱力、防御机制、关系模式有更为丰富的理解。

2.因小兰人格特征中存在自虐与偏执的部分,往往会使周围的人产生两种常见的感受:小兰身边的朋友,可能经常会起初给予小兰宽容,不断地听她诉说她的委屈、难过、被糟糕地对待；但当发现各种安慰、支持都无法让她发生改变，甚至她会不断重复其无助和悲惨时，有时会产生自我不协调性的愤怒，怨恨她对于帮助竟然如此排斥和抵抗，不肯做出任何改变。作为导师，要理解到这是其人格特质带来的影响，自虐者最擅长的就是催人生厌。导师可以采取"不予同情"的态度，这并不意味着对她的困难置若罔闻，或对她的自虐行为报以施虐，而是多做一些促进自我成熟的回应，比如"你是怎么把自己弄到这个地步的？"聚焦于其改善情况的能力，同时也要展现出接纳其自然的负面情绪的态度，并可以通过表达导师自己真实感受的榜样示范，对小兰是会有极大帮助的。

为何如此熟悉却无法亲近

案例基本情况

小婉，研二女生，性格温婉，但有时会有点自我，对人对事会有理想化。小婉是家中独女，从小父母比较宠爱，家中经济条件较好，一路求学经历也非常顺利。初高中期间人际关系都还不错，有比较知心的闺蜜好友，有很多合得来的班级同学，加上小婉成绩优异，也愿意主动帮助同学们解答各种学习上的问题，因此，和班上很多同学关系都很融洽。大学期间有过一段恋爱，后来因为毕业异地而分手。小婉认为在恋爱时，男友对她也是宠爱有加。室友关系也很好，大家经常一起出去看电影、逛街，有时候还带"家属"一起组织集体活动，过得很开心。因此，小婉一直很认可"在家靠父母，出外靠朋友"的观点，也很习惯和好朋友分享内心世界，享受这种深入交流的感觉。

但小婉进入研究生阶段后，她发现自己的生活彻底变了。大家不再以寝室为家，更多待在实验室里。每天基本都是早出晚归，不上课的时候都在实验室看文献，晚上回来寥寥数语后，就洗漱休息了。而且不同导师课题组的人不熟悉，就算有心开"卧谈会"，话题也不太能聚焦。所以，即便和室友们朝夕相处，很熟悉,但却无法交心。

而她所在的导师课题组同学,大部分都属于比较安静、认真、独立的人,平常实验室里大家都很安静,基本没有人闲聊、打闹,日常交流也主要关于文献、实验等学业方面的话题。因此,她觉得虽然两年了,但对课题组同学的为人、性格等似乎并不太了解。小婉的交友面也变得越来越窄,用她自己的话来形容自己这两年研究生生活,最突出的感受就是孤独,看看周围人都认识,却无法亲近,她觉得很孤单。

小婉的导师治学严谨,日常比较严肃,有时候会因为学生的错误而直言批评。而且导师的工作很忙,他不仅是教授,还在系所担任要职,除了上课,还有各种会议要出席,再加上研究生扩招,导师名下的硕士博士数量也增加了,每个学生得到指导的时间也非常有限。小婉想要请导师答疑解惑,经常会犹豫再三,最后不了了之。小婉没有特殊情况不太敢直接找导师交流,和导师之间似乎也存在某种鸿沟不可逾越。

新学期开始,实验室来了一位新师妹,学习能力强,思维敏捷,反应快,很被导师欣赏,经常获得表扬。对方的实验样品需要放冰箱,但没有空位置。小婉主动把自己放样品的地方整理了一个空间出来给对方。可是有一天,小婉发现,自己的样品被新师妹弄乱了,当小婉向其指出时,对方不但没有道歉,还扬言这是公家的地方,如果小婉不满意,可以去找导师。小婉很生气,也很失望,觉得环顾四周竟然没有一个可以值得信任的朋友或者师长可以依靠,甚至开始怀疑自己的人际交往能力不行,情绪几乎陷入崩溃。

心理咨询师的理解

社会支持系统是指个体通过与环境中人物的互动所建立的一种关系网络。个体能从中获取来自他人物质或精神上的帮助和支持,能够缓解心理压力,提高自身对环境的适应能力和对变化的应对能力。

小婉读研前的人生可以说是顺风顺水,父母宠爱,朋友很多,社会支持系统广而深。她的成长经历让她形成了"朋友是很重要"的认知,同时也把"好朋友"的存在变成了生活的必需品。当读研期间,她没有交到理想中的"好朋友",而且周围的人熟悉但不亲近时,她内心的安全感受到了威胁。她开始感到不适应、担心和害怕。当她试图用以往的"乐于助人"的方式去结交一个新朋友时,却发现对方并没有给到她期待中的回应,这让她的理想期待落空了,再次受挫,而当她觉得自己受委屈时,发现唯一的权威(导师)不一定会站在自己的立场,无法求助时,她的情绪接近崩溃,内心非常痛苦。

心理咨询师给导师的建议

1. 一个人不可能脱离组织而存在,常常需要一个可靠的社会支持系统来维护内心的安全感,因此,创造良好的实验室氛围,组织一些团建活动,帮助课题组成员之间相互协作是非常有必要的。建议导师加强团队建设,营造良好的人际氛围。

2. 保持组织内部公正、有序的氛围,鼓励自己的学生学会换位思考、多帮助他人,实验室里提倡"互利互惠"的原则,促进课题组成员关系的深入,有助于课题组每个成员内在安全感和信任感的建立。因此,建议导师在与团队成员日常交流时,尽可能保持公平、公正,能看到每个学生身上的优点,避免偏爱个别学生,给予某些特权。

3. 增加亲和力,主动与学生交流,了解学生私底下的一些情况和真实的需求,为其排忧解难。同时,通过培养、提高学生的专业学术能力,增加学生在日常交流过程中的自信心,也会有利于其人际的发展。因此,建议导师最好可以给每一位学生安排固定的可以和导师交流的时间,给予学生学习、生活等的指导,减少学生主动寻求帮助的压力。同时注意自己的言辞态度,在学生有困难来求助时,保持亲和力,让学生敢于真实地袒露内心的想法。

附录2 相关法律法规条文

以下摘录与高校心理健康教育工作相关的我国部分法律法规条文。

《中华人民共和国精神卫生法》摘录

（2012 年 10 月 26 日第十一届全国人民代表大会常务委员会第二十九次会议通过，根据 2018 年 4 月 27 日第十三届全国人民代表大会常务委员会第二次会议《关于修改〈中华人民共和国国境卫生检疫法〉等六部法律的决定》修正）

第四条 精神障碍患者的人格尊严、人身和财产安全不受侵犯。

精神障碍患者的教育、劳动、医疗以及从国家和社会获得物质帮助等方面的合法权益受法律保护。

有关单位和个人应当对精神障碍患者的姓名、肖像、住址、工作单位、病历资料以及其他可能推断出其身份的信息予以保密；但是，依法履行职责需要公开的除外。

第六条 精神卫生工作实行政府组织领导、部门各负其责、家庭和单位尽力尽责、全社会共同参与的综合管理机制。

第九条 精神障碍患者的监护人应当履行监护职责，维护精神障碍患者的合法权益。

禁止对精神障碍患者实施家庭暴力，禁止遗弃精神障碍患者。

第十六条 各级各类学校应当对学生进行精神卫生知识教育；配备或者聘请心理健康教育教师、辅导人员，并可以设立心理健康辅导室，对学生进行心理健康教育。学前教育机构应当对幼儿开展符合其特点的心理健康教育。

发生自然灾害、意外伤害、公共安全事件等可能影响学生心理健康的事件，学校应当及时组织专业人员对学生进行心理援助。

教师应当学习和了解相关的精神卫生知识，关注学生心理健康状况，正确引导、激励学生。地方各级人民政府教育行政部门和学校应当重视教师心理健康。

学校和教师应当与学生父母或者其他监护人、近亲属沟通学生心理健康情况。

第二十一条 家庭成员之间应当相互关爱，创造良好、和睦的家庭环境，提高精神障碍预防意识；发现家庭成员可能患有精神障碍的，应当帮助其及时就诊，照顾其生活，做好看护管理。

第二十三条 心理咨询人员应当提高业务素质，遵守执业规范，为社会公众提供专业化的心理咨询服务。

心理咨询人员不得从事心理治疗或者精神障碍的诊断、治疗。

心理咨询人员发现接受咨询的人员可能患有精神障碍的，应当建议其到符合本法规定的医疗机构就诊。

心理咨询人员应当尊重接受咨询人员的隐私，并为其保守秘密。

第二十七条 精神障碍的诊断应当以精神健康状况为依据。

除法律另有规定外，不得违背本人意志进行确定其是否患有精神障碍的医学检查。

第二十八条 除个人自行到医疗机构进行精神障碍诊断外，疑似精神障碍患者的近亲属可以将其送往医疗机构进行精神障碍诊断。对查找不到近亲属的流浪乞讨疑似精神障碍患者，由当地民政等有关部门按照职责分工，帮助送往医疗机构进行精神障碍诊断。

疑似精神障碍患者发生伤害自身、危害他人安全的行为，或者有伤害自身、危害他人安全的危险的，其近亲属、所在单位、当地公安机关应当立即采取措施予以制止，并将其送往医疗机构进行精神障碍诊断。

医疗机构接到送诊的疑似精神障碍患者，不得拒绝为其作出诊断。

第二十九条 精神障碍的诊断应当由精神科执业医师作出。

医疗机构接到依照本法第二十八条第二款规定送诊的疑似精神障碍患者,应当将其留院,立即指派精神科执业医师进行诊断,并及时出具诊断结论。

第三十条 精神障碍的住院治疗实行自愿原则。

诊断结论、病情评估表明,就诊者为严重精神障碍患者并有下列情形之一的,应当对其实施住院治疗:

(一)已经发生伤害自身的行为,或者有伤害自身的危险的;

(二)已经发生危害他人安全的行为,或者有危害他人安全的危险的。

第三十一条 精神障碍患者有本法第三十条第二款第一项情形的,经其监护人同意,医疗机构应当对患者实施住院治疗;监护人不同意的,医疗机构不得对患者实施住院治疗。监护人应当对在家居住的患者做好看护管理。

第三十二条 精神障碍患者有本法第三十条第二款第二项情形,患者或者其监护人对需要住院治疗的诊断结论有异议,不同意对患者实施住院治疗的,可以要求再次诊断和鉴定。

依照前款规定要求再次诊断的,应当自收到诊断结论之日起三日内向原医疗机构或者其他具有合法资质的医疗机构提出。承担再次诊断的医疗机构应当在接到再次诊断要求后指派二名初次诊断医师以外的精神科执业医师进行再次诊断,并及时出具再次诊断结论。承担再次诊断的执业医师应当到收治患者的医疗机构面见、询问患者,该医疗机构应当予以配合。

对再次诊断结论有异议的,可以自主委托依法取得执业资质的鉴定机构进行精神障碍医学鉴定;医疗机构应当公示经公告的鉴定机构名单和联系方式。接受委托的鉴定机构应当指定本机构具有该鉴定事项执业资格的二名以上鉴定人共同进行鉴定,并及时出具鉴定报告。

第三十五条 再次诊断结论或者鉴定报告表明,不能确定就诊者为严重精神障碍患者,或者患者不需要住院治疗的,医疗机构不得对其实施住院治疗。

再次诊断结论或者鉴定报告表明,精神障碍患者有本法第三十条第二款第二项情形的,其监护人应当同意对患者实施住院治疗。监护人阻碍实施住院治疗或者患者擅自脱离住院治疗的,可以由公安机关协助医疗机构采取措施对患者实施住院治疗。

在相关机构出具再次诊断结论、鉴定报告前,收治精神障碍患者的医疗机构应当按照诊疗规范的要求对患者实施住院治疗。

第三十六条　诊断结论表明需要住院治疗的精神障碍患者,本人没有能力办理住院手续的,由其监护人办理住院手续;患者属于查找不到监护人的流浪乞讨人员的,由送诊的有关部门办理住院手续。

精神障碍患者有本法第三十条第二款第二项情形,其监护人不办理住院手续的,由患者所在单位、村民委员会或者居民委员会办理住院手续,并由医疗机构在患者病历中予以记录。

第四十五条　精神障碍患者出院,本人没有能力办理出院手续的,监护人应当为其办理出院手续。

第四十九条　精神障碍患者的监护人应当妥善看护未住院治疗的患者,按照医嘱督促其按时服药、接受随访或者治疗。村民委员会、居民委员会、患者所在单位等应当依患者或者其监护人的请求,对监护人看护患者提供必要的帮助。

第五十一条　心理治疗活动应当在医疗机构内开展。专门从事心理治疗的人员不得从事精神障碍的诊断,不得为精神障碍患者开具处方或者提供外科治疗。心理治疗的技术规范由国务院卫生行政部门制定。

第六十七条　师范院校应当为学生开设精神卫生课程;医学院校应当为非精神医学专业的学生开设精神卫生课程。

县级以上人民政府教育行政部门对教师进行上岗前和在岗培训,应当有精神卫生的内容,并定期组织心理健康教育教师、辅导人员进行专业培训。

第七十六条　有下列情形之一的,由县级以上人民政府卫生行政部门、工商行政管理部门依据各自职责责令改正,给予警告,并处五千元以上一万元以下罚款,有违法所得的,没收违法所得;造成严重后果的,责令暂停六个月以上一年以下执业活动,直至吊销执业证书或者营业执照:

（一）心理咨询人员从事心理治疗或者精神障碍的诊断、治疗的；

（二）从事心理治疗的人员在医疗机构以外开展心理治疗活动的；

（三）专门从事心理治疗的人员从事精神障碍的诊断的；

（四）专门从事心理治疗的人员为精神障碍患者开具处方或者提供外科治疗的。

心理咨询人员、专门从事心理治疗的人员在心理咨询、心理治疗活动中造成他人人身、财产或者其他损害的，依法承担民事责任。

第七十九条 医疗机构出具的诊断结论表明精神障碍患者应当住院治疗而其监护人拒绝，致使患者造成他人人身、财产损害的，或者患者有其他造成他人人身、财产损害情形的，其监护人依法承担民事责任。

第八十三条 本法所称精神障碍，是指由各种原因引起的感知、情感和思维等精神活动的紊乱或者异常，导致患者明显的心理痛苦或者社会适应等功能损害。

本法所称严重精神障碍，是指疾病症状严重，导致患者社会适应等功能严重损害、对自身健康状况或者客观现实不能完整认识，或者不能处理自身事务的精神障碍。

本法所称精神障碍患者的监护人，是指依照民法通则的有关规定可以担任监护人的人。

《中华人民共和国民法典》摘录

（2020 年 5 月 28 日第十三届全国人民代表大会第三次会议通过）

第十七条 十八周岁以上的自然人为成年人。不满十八周岁的自然人为未成年人。

第十八条 成年人为完全民事行为能力人，可以独立实施民事法律行为。

十六周岁以上的未成年人，以自己的劳动收入为主要生活来源的，视为完全民事行为能力人。

第二十七条 父母是未成年子女的监护人。

未成年人的父母已经死亡或者没有监护能力的,由下列有监护能力的人按顺序担任监护人:

(一)祖父母、外祖父母;

(二)兄、姐;

(三)其他愿意担任监护人的个人或者组织,但是须经未成年人住所地的居民委员会、村民委员会或者民政部门同意。

第二十八条 无民事行为能力或者限制民事行为能力的成年人,由下列有监护能力的人按顺序担任监护人:

(一)配偶;

(二)父母、子女;

(三)其他近亲属;

(四)其他愿意担任监护人的个人或者组织,但是须经被监护人住所地的居民委员会、村民委员会或者民政部门同意。

第三十三条 具有完全民事行为能力的成年人,可以与其近亲属、其他愿意担任监护人的个人或者组织事先协商,以书面形式确定自己的监护人,在自己丧失或者部分丧失民事行为能力时,由该监护人履行监护职责。

第三十五条 监护人应当按照最有利于被监护人的原则履行监护职责。监护人除为维护被监护人利益外,不得处分被监护人的财产。

未成年人的监护人履行监护职责,在作出与被监护人利益有关的决定时,应当根据被监护人的年龄和智力状况,尊重被监护人的真实意愿。

成年人的监护人履行监护职责,应当最大程度地尊重被监护人的真实意愿,保障并协助被监护人实施与其智力、精神健康状况相适应的民事法律行为。对被监护人有能力独立处理的事务,监护人不得干涉。

第三十六条 监护人有下列情形之一的,人民法院根据有关个人或者组织

的申请,撤销其监护人资格,安排必要的临时监护措施,并按照最有利于被监护人的原则依法指定监护人:

(一)实施严重损害被监护人身心健康的行为;

(二)怠于履行监护职责,或者无法履行监护职责且拒绝将监护职责部分或者全部委托给他人,导致被监护人处于危困状态;

(三)实施严重侵害被监护人合法权益的其他行为。

本条规定的有关个人、组织包括:其他依法具有监护资格的人,居民委员会、村民委员会、学校、医疗机构、妇女联合会、残疾人联合会、未成年人保护组织、依法设立的老年人组织、民政部门等。

前款规定的个人和民政部门以外的组织未及时向人民法院申请撤销监护人资格的,民政部门应当向人民法院申请。

《学生伤害事故处理办法》摘录

(2002 年 6 月 25 日教育部令第 12 号公布,根据 2010 年 12 月 13 日《教育部关于修改和废止部分规章的决定》修正)

第二条　在学校实施的教育教学活动或者学校组织的校外活动中,以及在学校负有管理责任的校舍、场地、其他教育教学设施、生活设施内发生的,造成在校学生人身损害后果的事故的处理,适用本办法。

第五条　学校应当对在校学生进行必要的安全教育和自护自救教育;应当按照规定,建立健全安全制度,采取相应的管理措施,预防和消除教育教学环境中存在的安全隐患;当发生伤害事故时,应当及时采取措施救助受伤害学生。

学校对学生进行安全教育、管理和保护,应当针对学生年龄、认知能力和法律行为能力的不同,采用相应的内容和预防措施。

第十条　学生或者未成年学生监护人由于过错,有下列情形之一,造成学生伤害事故,应当依法承担相应的责任:

（一）学生违反法律法规的规定，违反社会公共行为准则、学校的规章制度或者纪律，实施按其年龄和认知能力应当知道具有危险或者可能危及他人的行为的；

（二）学生行为具有危险性，学校、教师已经告诫、纠正，但学生不听劝阻、拒不改正的；

（三）学生或者其监护人知道学生有特异体质，或者患有特定疾病，但未告知学校的；

（四）未成年学生的身体状况、行为、情绪等有异常情况，监护人知道或者已被学校告知，但未履行相应监护职责的；

（五）学生或者未成年学生监护人有其他过错的。

第十二条 因下列情形之一造成的学生伤害事故，学校已履行了相应职责，行为并无不当的，无法律责任：

（一）地震、雷击、台风、洪水等不可抗的自然因素造成的；

（二）来自学校外部的突发性、偶发性侵害造成的；

（三）学生有特异体质、特定疾病或者异常心理状态，学校不知道或者难于知道的；

（四）学生自杀、自伤的；

（五）在对抗性或者具有风险性的体育竞赛活动中发生意外伤害的；

（六）其他意外因素造成的。

第十三条 下列情形下发生的造成学生人身损害后果的事故，学校行为并无不当的，不承担事故责任；事故责任应当按有关法律法规或者其他有关规定认定：

（一）在学生自行上学、放学、返校、离校途中发生的；

（二）在学生自行外出或者擅自离校期间发生的；

（三）在放学后、节假日或者假期等学校工作时间以外，学生自行滞留学校或者自行到校发生的；

（四）其他在学校管理职责范围外发生的。

第三十六条 受伤害学生的监护人、亲属或者其他有关人员，在事故处理过程中无理取闹，扰乱学校正常教育教学秩序，或者侵犯学校、学校教师或者其他工作人员的合法权益的，学校应当报告公安机关依法处理；造成损失的，可以依法要求赔偿。

推荐阅读

心理咨询原理
ISBN 978-7-308-19871-4

探索心理的奥秘——心理学及应用
ISBN 978-7-308-19880-6

大学生心理危机干预指南
ISBN 978-7-308-14650-0

大学生性健康教育融媒体教程
ISBN 978-7-308-20731-7